GOLDMANN

Buch

Ein ausgewiesener Spezialist für die Kultur der Aborigines begleitet den Leser auf eine Reise zu den Wurzeln ihrer mystischen Vorstellungen. Er beschreibt ihre charakteristische Art, die Natur als ein Symbol für eine tiefer liegende Realität zu sehen – ihre Kunst, in die Traumzeit einzutauchen, wo sich Weisheit und Spiritualität erst voll entfalten.
Cowan weckt mit seinem einfühlsamen, kenntnisreichen Buch das Verständnis für ein Weltbild, das ganz auf ein Überleben der Erde und ihrer Geschöpfe ausgerichtet ist.

Autor

Der bekannte australische Schriftsteller und Dichter James G. Cowan hat sich intensiv mit der ursprünglichen Kultur von Volksstämmen wie den Aborigines seiner Heimat oder auch den nordafrikanischen Berbern und Tuareg beschäftigt. Er ist Autor verschiedener Bücher und Fernsehdokumentationen zu den australischen Ureinwohnern.

JAMES G. COWAN

OFFENBARUNGEN AUS DER TRAUMZEIT

Das spirituelle Wissen der Aborigines

Aus dem Amerikanischen
von Christine Cerny

GOLDMANN VERLAG

Die Originalausgabe erschien
unter dem Titel »The Elements Of The Aborigine Tradition«
bei Element Books Limited, Shaftesbury, Dorset

Deutsche Erstausgabe

Umwelthinweis
Alle bedruckten Materialien dieses Taschenbuches
sind chlorfrei und umweltschonend.
Das Papier enthält Recycling-Anteile

Der Goldmann Verlag
ist ein Unternehmen der Verlagsgruppe Bertelsmann

Deutsche Erstausgabe Februar 1997

Umschlaggestaltung: Design Team München
Umschlagabbildung: Christine Cerny
Satz: All-Star-Type Hilse, München
Druck: Elsnerdruck, Berlin
Verlagsnummer: 12274
Lektorat: Olivia Baerend
Redaktion: Ingrid Holzhausen
KF · Herstellung: Martin Strohkendl
Made in Germany
ISBN 3-442-12274-0

1 3 5 7 8 10 8 6 4 2

Inhalt

Einleitung

Die australischen Aborigines sind Menschen mit uraltem traditionellem Kulturgut. Ihr Ursprung liegt in tiefer Vergangenheit. Woher sie kamen und warum sie nach Australien eingewandert sind, ist noch nicht geklärt. Bisher gibt es darüber nur Vermutungen. Aborigines verfügen über keine schriftlichen historischen Aufzeichnungen. Aufschluß über ihre Herkunft geben jedoch ihre Mythen und Geschichten. Reich an Mythen ist ihr Leben auch heute noch. Das trug allerdings zu der Vorstellung bei, es müsse sich um rückständige Steinzeitmenschen mit seltsamen Empfindungen handeln. Sie kennen keine politischen Organisationen, dafür aber verehren sie eine Anzahl geistiger Wesen und praktizieren unbekannte, geheimnisvolle Riten. Das bewirkte bei vielen die Ansicht, daß sie »weit hinter der Zeit« leben. Die Wahrheit ist, daß die australischen Ureinwohner unser aller Wissen repräsentieren. Zu allen Zeiten wußten sie um die metaphysischen Ursprünge des menschlichen Geistes.

Dies veranlaßte mich zu dem Versuch, gewisse Schlüsselaspekte ihrer Lebensart herauszufinden. Allerdings ist ihre Lebensführung, wie sie noch vor zweihundert Jahren war, bevor sie mit den Europäern in Kontakt kamen, mittlerweile ernstlich bedroht. Manche mögen sogar sagen, daß sie schon heute in dieser Art nicht mehr wirklich existiert. Viele Aborigines waren der modernen Zeit nicht gewachsen; sie wählten eine erniedrigende Lebensform, um überhaupt überleben zu können. Dies ist nicht ihre Schuld, sondern eine Folge des Drucks, der durch die eindringende, fremde Kultur auf sie ausgeübt worden ist. Die Europäer hatten den Aborigines ihr Geburtsrecht genommen – nämlich ihr Land.

Es entspricht den Tatsachen, daß bis vor kurzem nicht einmal in Erwägung gezogen wurde, Aborigines könnten ein Recht auf ihr Land haben, das sie seit unzähligen Jahrtausenden bewohnen. Statt dessen wurden sie als Nomaden betrachtet, die nirgendwo hingehören, als Menschen, die hin und her geschoben werden konnten auf dem Land, mit dem sie ihre Seelen als untrennbar verbunden sehen. Das Gesetz hat sich inzwischen geändert. Aborigines sind heute legal anerkannte Bürger Australiens. Doch ihr ursprünglicher Landbesitz ist bisher immer noch nicht voll anerkannt, weder von seiten des Staates noch von seiten der Bundesregierungen. Gewisse Gebiete wurden als Aborigine-Territorium bereitgestellt, aber Minen- und Ölbohr-Gesellschaften tun oft so, als wüßten sie von nichts. Gerade jetzt, während dieses Buch entsteht, hat sich im Kakadu-Nationalpark im Northern Territory – einst eine unberührte Landschaft von unermeßlicher Schönheit – eine der größten Uran-Minen etabliert. Dazu kommt, daß radioaktiv belastete Abwässer während der Regenzeit in die umgebenden Bäche laufen. Das wird dann stets als Unfall ausgelegt, der sich nicht mehr wiederholen wird.

Außerdem gibt es einen seit langem anhaltenden Disput um die Rechte einer heiligen Aborigine-Stätte, wo Pancontinental eine Goldmine zu erwirken versucht. Dieser Ort ist unter dem Namen Coronation Hill (Krönungshügel) bekannt geworden. Wo immer für eine Minen-Gesellschaft ein langfristiger wirtschaftlicher Profit in Aussicht steht, wird ausnahmslos die Echtheit von Aborigine-Land in Frage gestellt. Die Entscheidungsträger der Minen-Gesellschaften schätzen den Wert von Grund und Boden ausschließlich in Ausfuhrdollars und Dividenden der Aktionäre. Die Mythen des Landes haben dabei für sie keinerlei Bedeutung.

Die Spiritualität der Aborigines ist ein Himmel voller Geheimnisse. Gemäß ihrem Glauben können wir Menschen unseren wahren Ursprung finden, da wir über mehr verfügen als nur über eine materielle Existenz. Seitdem sie auf dem australischen Kontinent leben, ist ihre religiöse Geschichte in unzähligen Natur-Bibliotheken nachvollziehbar: in Höhlen und auf Felswänden, in Landformationen, zwischen Schluchten und Bergen, in Tieren, Vögeln, Bäumen und Insekten, Fischen und Meerestieren, selbst zwischen den Sternen hoch über ihnen. Sie haben die Natur studiert und ihre Rückschlüsse daraus gezogen, in ihr sahen sie den Ausdruck eines tiefgehenden, ganzheitlichen metaphysischen Prinzips, das alles, was ist, umfaßt. Denn sie sahen in der Natur viel mehr als nur ihre sichtbare Schönheit, sie betrachteten sie nicht nur als Ergänzung oder Versorgungsquelle. Sie sahen die Natur als Symbol einer tieferliegenden Wirklichkeit, die als heilig verstanden werden muß, wenn wahre Weisheit erlangt werden soll. Ihr Wissen über die Natur als Ausdruck des Göttlichen macht sie auf eine bestimmte Art zu Weisen, die unglücklicherweise immer seltener auf Erden zu finden sind.

In der Vergangenheit sahen sich die Aborigines auch als Opfer sozialer, wissenschaftlicher und anthropologischer Studien, die gewöhnlich zu Übertreibungen neigten. Tatsächlich hebt der zentrale Kern dieser Auswertungen den Unterschied zwischen den Aborigines und dem Rest der Menschheit, vor allem der modernen Zivilisation hervor. Rituelle Praktiken, die ihre Steinzeitmentalität oder auch die Kompliziertheit ihrer Verwandtschaftsverhältnisse scheinbar bestätigen, galten als anschauliche Hinweise ihrer kulturellen Rückständigkeit – so sah es zumindest unausgesprochen die moderne Betrachtungsweise, die dazu neigt, ihre eigene kulturelle Überlegenheit für gesichert zu halten. Diese Sichtweise galt umgekehrt als Rechtfertigung, die Aborigine-Kultur in die Welt der Weißen einzugliedern, den

Aborigines ihre Bürgerrechte abzuerkennen und sie als Minderheit zu unterdrücken. Das Resultat davon: Die Welt hat es mit einer alten Kultur zu tun, die aufgrund von Völkermord oder Rassismus konstant an originärer Substanz verliert. Doch in Wahrheit liefern uns die australischen Ureinwohner eine Parabel des Überlebens. Trotz allem halten sie an ihrem kulturellen Erbe fest, gegen alle Versuche, dieses Erbe herabzuwürdigen, durch wohlmeinende Bestrebungen und Einmischungen von seiten der Regierungen, durch unwirksame Gesundheitsprogramme und die stets präsenten Gespenster der Minengesellschaften, die sich das Land der Aborigines einzuverleiben versuchen.

Die Aborigines sind ein mutiges Volk, das nicht trotz, sondern gerade wegen seines außergewöhnlichen und wegweisenden spirituellen Erbes überlebt hat. Sie wissen, daß die Regenbogenschlange, die *Lightning Brothers*, die Mimi-Wesen, die Maletji-Gesetzeshunde, die Wanbanbiries, Marlu, das Große Känguruh, die Ninja-Eismänner und die Pungalunga-Männer, die Waugeluk-Schwestern und Mingala, der Erste Mann, und noch viele andere geistige Wesen im ganzen Land lebendig geblieben sind. Das läßt die Aborigines, ihre Zukunft betreffend, optimistisch bleiben. Es sind die mythischen Gestalten, die ihnen in dunklen Stunden Kraft geben, wenn spirituelle Weisheit von Humanisten und Wissenschaftlern der Gegenwart so bereitwillig in Frage gestellt werden.

Dieses Buch soll daher ein kleiner Beitrag sein, eines der ältesten Erbgüter der Welt zu bewahren. Es ist meine Überzeugung, daß ohne solches Erbgut die Wurzeln der Welt vertrocknen oder gar absterben werden. Eine meiner Aborigine-Kontaktpersonen brachte es ergreifender zum Ausdruck, als sie sagte: Wir singen unsere Lieder nicht mehr. Und wenn wir die Lieder nicht singen, werden uns die Tiere bald verlassen. Was wir der Welt antun, ist: Wir lassen die Natur einfach dahinsterben, weil wir die Lieder nicht mehr singen.

In einer Zeit, in der sich alles nach den Meinungen von Wissenschaftlern, Volkswirtschaftlern, Regierungsbeamten, die ihre Budgets ausgleichen, und der Entwicklung von Technologien richtet, sehen wir uns selbst dem zweifelhaften Ruf des Fortschritts folgen, auf Kosten der Aborigines, die den Verlust ihrer Mythen und Wunder sowie den spirituellen Niedergang in ihren Reihen beklagen.

Die Aborigines mit ihrer unerschöpflichen Geduld appellieren an uns, zuzuhören. Was sie uns zu sagen haben, ist relativ einfach: Daß sie in dieser Welt genauso viele Rechte haben, nach ihren eigenen Vorstellungen zu leben, wie der moderne Mensch. Mit anderen Worten: Kein Volk hat das Recht, einem anderen kulturelle Werte aufzudrängen, die ihm fremd sind. Das ist der wunde Punkt des modernen Dilemmas. Wo immer materielle Werte und die Philosophie des Wirtschaftswachstums dominieren, verspüren wir den Wunsch, all jene, die aus der Perspektive eines nicht-materialistischen, nicht auf Wachstum ausgerichteten Weltbildes argumentieren, zu beherrschen und zu ignorieren.

In Australien wird dieser Streit zwischen den Minengesellschaften, Regierungsbeamten und Farmern auf der einen Seite und einer kulturell isolierten Menschengruppe auf der anderen Seite ausgefochten. Kein Wunder, daß sich die Aborigines als rückständig, verantwortungslos und ohne Respekt gegenüber nationalen Interessen gebrandmarkt sehen. Sie werden als das letze vorsintflutliche Hindernis betrachtet, das zwischen dem modernen Menschen und seinem Verlangen, das Land auszubeuten, steht. Unglücklicherweise erheben sich Kräfte der modernen Gesellschaft gegen sie, und es ist unwahrscheinlich, daß sie diesem Anprall widerstehen.

Die Tradition der Aborigines stellt eine der letzten Verbindungen zu einer unverfälschten Lebensart dar, bei der die göttliche Präsenz total in das Leben integriert ist. Wenn wir diese

Tradition zerstören, vernichten wir auch das Wissen, das diesem Lebensstil innewohnt. Außerdem zerstören wir die Gültigkeit der Mythen und die wechselseitige Ergänzung zwischen Mensch und Natur, die durch diese Mythen erhellt wird. Mythen erzeugen ein spirituelles Band zwischen uns und der Erde. Es ist dieses Band, das die Aborigines seit jeher bewacht haben, indem sie sich selbst als Erben einer himmlischen Landschaft fühlten, ein Erbe, das im gleichen unverfälschten Zustand, wie es ihnen übergeben wurde, an die nächste Generation weitergegeben werden muß. Sie wissen, wie wichtig es ist, die Priorität der Vergangenheit anzuerkennen und auch ihren Anspruch auf die Wahrheiten, die in der Landschaft eingebettet liegen. Die Ahnen – die Alten, jene, die vor ihnen gelebt haben –, sie existieren noch immer als metaphysische Wesenheiten, die in die Landschaft eingegangen sind. Die Erde zu zerstören, das heißt, sie aus materiellen Gründen umzugraben und zu entstellen, bedeutet daher, ihre unsichtbare Wirklichkeit als Wegweiser und Propheten *(kahins)* auf immer für jene, die heute leben, auszulöschen. Sobald die schöpferischen Ahnen zu Goldbarren, gelben Uran-Kuchen oder Eisenerz reduziert werden, ist der endgültige Zerstörungsprozeß nicht mehr aufzuhalten. In dieser Hinsicht prophezeien jene Aborigines, für die der Coronation Hill eine heilige Stätte ist, die Vernichtung der Welt durch unheilvolle Kräfte, sollte sich jemals jemand an diesem Platz vergreifen.

Die Aborigines stehen für die Notwendigkeit traditioneller Weisheiten ein, um eine innere wesentliche Gültigkeit unserer philosophischen und wissenschaftlichen Erkenntnisse, die den Kosmos betreffen, zu bewahren. Und das können wir nicht ohne ihr Wissen, ihre spirituellen Perspektiven, ihren tiefen Glauben in die Harmonie der gesamten Natur. Wenn wir diese Qualitäten ignorieren, riskieren wir, die Natur zu unserem Feind zu machen. Vielleicht wendet sich unsere feindliche Einstellung gegenüber der Natur noch nicht heute gegen uns, aber morgen bereits könnte unsere Überlebenschance schwer geprüft werden. Die Zerstörung der Ozonschicht, die globale Erwärmung und Umweltverschmutzung, die Erschöpfung natürlicher Rohstoffe, die Überbevölkerung und das Vorkommen neuer Viruserkrankungen, die wir kaum in den Griff zu bekommen scheinen – das sind nur ein paar Symptome jener Erfahrungen, die wir gerade auf Erden durchleben, da wir fortfahren, die Erde zu mißbrauchen, um unsere übersteigerten Ansprüche und konsumorientierten Ziele zu befriedigen. Die Aborigines appellieren an uns, unsere selbstvernichtenden Unternehmungen einzustellen, bevor es zu spät ist. Der Streit um den Coronation Hill – sozusagen »die Krone göttlicher Schöpfungen« – wurde zur Metapher unserer eigenen Selbstzerstörungstendenz.

Im Laufe der Jahre arbeitete ich mit einer Anzahl von Aborigine-Gemeinschaften in ganz Australien zusammen. Zwischen dem äußersten Norden (Top End) und Nordwesten bereiste ich das Arnhemland, die Kimberleys, die Pilbara-Region; im Zentrum Australiens die McDonnell Ranges und Uluru sowie Inseln wie Depuch und auch den Torres Strait. Alle diese Plätze wurden ein Teil meiner eigenen spirituellen Heimat. Ich habe mit alten Aborigine-Männern gesprochen, die sich an jene Tage erinnern, als das traditionelle Gesetz noch etwas bedeutete. Sie alle haben dazu beigetragen, mein Wissen über ihre Kultur zu vermehren. Mit der Zeit wurde ich in gewissem Sinne »aboriginalisiert«, ich übernahm ihre einzigartige Weise, die Welt zu betrachten. So sind die Regenbogenschlange und die Lightning Brothers nun ein Teil meines eigenen spirituellen Pantheons geworden. Ich habe nun nicht länger das Gefühl, daß irgendein bestimmter Glaube Voraussetzung ist, um ein echtes religiöses Leben führen zu können. Wenn ein Aborigine die Lehren unserer Missionare in sein

Leben zu integrieren vermag, warum kann nicht auch ich Unterweisungen von Marlu, dem Großen Känguruh, oder von den Maletji-Hunden in mein eigenes Leben aufnehmen?

Ich hoffe, daß dieses Buch den Lesern Mut macht, ihren eigenen Studien auf dem Gebiet der traditionellen Weisheiten nachzugehen. Es ist ein Wissensgebiet, das Aussicht auf reiche Ernte bietet. Alle Landschaften sind göttliche Schöpfungen, und alle Menschen, die ihrem natürlichen Umfeld – im religiösen Sinne – Ehrfurcht erweisen, können sich selbst als halb Mensch, halb göttlich betrachten wie Gilgamesch, der Held der Sumerer. Es bleibt jedem Leser selbst überlassen, in sich selbst die ursprüngliche, wilde Seite zu entdecken und die gezähmte und wilde Seite miteinander in Harmonie zu bringen. Vielleicht werden dann in Zukunft überlieferte Weisheiten und traditionelle Kulturen wie jene der australischen Aborigines in dieser Welt neue Geltung erfahren.

1.
Überbrückung der Kluft

Es war an einem Morgen im Frühjahr 1968, als der Geomorphologe Dr. Jim Bowler einen bemerkenswerten Fund machte. Während er in der Willandra-Seen-Region im zentralen New South Wales Sedimente studierte, entdeckte er ein künstliches Gebilde aus Stein und Miesmuschelschalen. Dieses ließ auf eine menschliche Hinterlassenschaft in dem ausgedorrten Bett des Mungo-Sees schließen. Er bemerkte außerdem, daß aus einem kleinen Hügel etwas hervorstand. Es waren einige verkohlte Knochen. Sie wurden dann ausgegraben und in Canberra mit Hilfe der Radiokarbon-Methode datiert, die ergab, daß die Knochen mehr als 26 000 Jahre alt waren.

Mit einem Mal schien Australien, was die menschliche Besiedelung betrifft, viel älter zu sein als jeder andere Platz auf Erden. Spätere Ausgrabungen im Jahre 1974 brachten das älteste menschliche Skelett zutage, das bisher gefunden wurde. Man nannte es Mungo Man III. Seine eher zierliche Figur war 30 000 Jahre lang im Sand des Sees vergraben gewesen, die Hände vorne geschlossen, in einem Zustand der totalen Entspannung. An den Knochen wurden auch Spuren von rotem Ocker entdeckt, was darauf hinwies, daß dieser Eiszeit-Vorfahre mit vollen Ansprüchen auf Totenriten bestattet worden war. Dies wiederum ist ein Hinweis, daß Mungo Man III bereits mit dem Erbe einer außergewöhnlichen Tradition aufgewachsen sein muß. Eine überraschende Erkenntnis, denn eine derartige Entwicklungsstufe hatte man bis zu diesem Zeitpunkt eher auf neuere Zeiten datiert. Die altägyptischen Mumien fanden nun in den Dünen vom Mungo-See ihren Prototyp. Außerdem zeigte sich offensichtlich, daß die australischen Aborigines – ungebrochen und unverfälscht – sozusagen die älteste Kultur der Erde bewahrt haben.

Ursprünge der Aborigine-Kultur

Das Vermächtnis dieser ursprünglichen Lebensart ist noch immer vorhanden. Sich mit dieser alten Zeit auseinanderzusetzen ist nicht immer einfach, denn wir sind auf mündliche Überlieferungen und Zeugnisse unzähliger Stelen und Tempelwände beispielsweise Ägyptens und der alten Sumerer angewiesen. Aborigines sprechen zu uns mit einem Wissen, das bis in Mungo-Man-Zeiten zurückreicht und noch weit darüber hinaus. Jeder Knochen mit Ockerspuren läßt dabei auf komplexe Todesriten schließen. Und die anmutige Art, wie Mungo Man in der Erde liegt, deutet auf eine Kultur hin, in der die Menschen zeitlos leben konnten. Kein lebender Mensch spricht zu uns in einer solchen Beredsamkeit zum Thema Ursprung, Spiritualität und Tradition, wie er es tut. Anstatt uns zu fragen, woher die alten Ägypter ihr Wissen in bezug auf die Baukunst hatten, müssen wir uns zuerst fragen: Woher kamen die Aborigines, und wie erwarben sie sich ihre metaphysischen Fähigkeiten? Und welche Rolle spielte Australien bei der Gestaltung ihrer spirituellen Welt? Solche Fragen zu beantworten, könnte dazu beitragen, ein tieferes Verständnis für unseren eigenen Ursprung auch in anderen Teilen der Welt zu gewinnen.

Was die australische Bevölkerung angeht, wurden bereits eine Anzahl von Ideen vorgebracht. Größtenteils richten sie sich nach geologischen Erkenntnissen, die bestätigen, daß Australien vor fünfzig Millionen Jahren ein Teil der Antarktis war. Auf den kontinentalen Bruch und ein anhaltendes Abdriften nach Norden infolge der Überschwemmung nach der Eiszeit folgte die Isolierung der Landmasse vor etwa 120 000 Jahren. Auch wenn damals der Meeresspiegel fiel, anstieg und erst vor 20 000 Jahren erneut fiel, blieb Australiens grundlegende Isolation vom Rest der Landmassen erhalten. Und selbst als der Meeresspiegel seinen niedrigsten Stand erreicht hatte, war die Landbrücke zwischen Australien und Südostasien niemals vollständig gewesen. Daraus resultiert, daß Australiens frühzeitlicher Mikro-Organismus weiterhin erhalten blieb und Tier- und Pflanzenarten überlebten, die anderswo ausgestorben sind.

Es ist wichtig zu verstehen, wie sehr sich Australien vom Rest der Welt unterscheidet, wenn wir den einzigartigen Beitrag der Aborigines zum Entstehen des frühzeitlichen Denkens und der Spiritualität begreifen wollen. Das soll nicht heißen, Aborigines seien oder waren anders als andere Menschen; es geht hier vor allem darum, die Einflüsse zu erkennen, durch die sich ihre persönlichen Visionen herausgebildet haben. Wir wissen beispielsweise, daß der neuzeitliche Mensch in dieser Welt vor etwas mehr als 250 000 Jahren auftauchte, und Forschungen ergaben, daß etwa 200 000 Jahre später die ersten Menschen nach Australien kamen. Das heißt, diese frühen Einwanderer hatten bereits einen beträchtlichen Umfang an Wissen und brachten Bräuche und rituelle Praktiken mit, die ihnen Kraft und Vertrauen gaben. Sie waren also nicht ohne Zivilisationsformen nach Australien gekommen.

Zu der Zeit, als der Meeresspiegel seinen niedrigsten Stand aufwies (das waren etwa fünfzig Höhenmeter weniger als heute), waren Australien und Neuguinea durch den Sahul Shelf miteinander verbunden – eine Tiefebene, durch welche die südlichen Inseln Indonesiens weniger als hundert Kilometer an die Küste der Kimberleys herangereicht haben könnten.

Ein Inselhüpfen von Südostasien aus könnte nicht mehr als acht Seereisen zwischen jeweils 30 und 87 Kilometer in Anspruch genommen haben. Sobald die Nomaden einmal Timor erreicht hatten, war es ihnen wahrscheinlich möglich, am entfernten Kontinent Australien den Rauch der durch Blitze im trockenen Grasland entzündeten Buschfeuer wahrzunehmen. Eine solche Rauchsäule ist bis zu 110 Kilometer Entfernung sichtbar. Der Schein der Buschfeuer könnte bei Nacht von Timor aus oder von anderen nahen Inseln aus gesehen worden sein.

Neugier oder Klimaveränderungen könnten eine Seereise in den Süden veranlaßt haben. Da es keine Aufzeichnungen über Boote in prähistorischen Zeiten gibt, müssen wir annehmen, daß die ersten Ankömmlinge Australien auf Bambus- oder Mangrovenholzflößen erreichten. Die Gezeitenbewegungen in den Tropen sind enorm, und ein treibendes Floß könnte leicht in die Strömung australischer Gewässer geraten sein. Egal, ob sie zufällig gestrandet sind oder nicht, es wäre wohl für die ersten Einwanderer schwierig gewesen, wenn sie über die Arafura-See in ihre frühere Heimat hätten zurückkehren wollen. Nun, wir wissen nicht, ob sie überhaupt jemals daran gedacht hatten. Als Jäger und Sammler betrachteten sie Australien vermutlich als reiche Nahrungsquelle. Da sie das Land keinen Nachbarstämmen streitig machen mußten, einen großen Wildbestand vorfanden und nur wenige Tiere gefährlich waren, fanden sie sich vermutlich schnell in ihrer neuen Heimat zurecht und paßten sich den einzigartigen Gegebenheiten des Landes rasch an.

Weder aus kultureller noch ethnischer Sicht kennen wir die Zuordnung der Aborigines. Aufgrund genetischer Forschungsergebnisse werden die Aborigines weder mit den Wedda von Sri Lanka und Indien noch mit den Ainu im Norden Japans in Beziehung gebracht. Neuere molekular-biologische Studien weisen darauf hin, daß sich die australisch-orientalische Abstammungslinie etwa vor 40 000 Jahren teilte. Die australischen Aborigines könnten also von irgendwoher aus Asien gekommen sein und in ihre neue Heimat Reste ihrer prähistorisch-orientalischen Kultur mitgebracht haben. Ihr altes Wissen verloren sie jedenfalls in den darauffolgenden Jahrtausenden nicht. Dieses Wissen ist noch heute im Weltbild der Aborigines enthalten. Es ist jedoch nicht gesagt, daß die Vorgänger von Mungo Man die einzigen Einwanderer waren. An einem Platz, der als Kow Swamp in Victoria bekannt ist, wurden einige Knochen, darunter der Schädel eines massiv gebauten Mannes, in einem Grab gefunden, das sich als letzte Ruhestätte für zwölf weitere Personen herausstellte. Obwohl das Alter der Knochen nach der Radiokarbon-Methode auf nicht mehr als zwischen 9 000 bis 15 000 Jahre datiert wurde, deuten die Forschungsergebnisse auf die Existenz einer anderen, vielleicht älteren Menschengattung hin, die gleich in der Nachbarschaft von Mungo Man gelebt haben dürfte. Es scheint, daß sich zwei verschiedene Menschentypen das Land in jenen Zeiten teilten – nicht nur in abgelegenen Regionen des Nordens, wie zunächst angenommen worden war, sondern über den ganzen Kontinent verteilt. Auch bei den Kow-Swamp-Funden wurden Zeichen einer formellen Beerdigung gefunden – ein Hinweis auf rituelle Bräuche und bestimmte Vorstellungen über Leben und Tod. Auch Spuren von Harz an Känguruh-Zähnen bestätigten, daß den Toten Insignien mit ins Grab gelegt wurden. Doch eine Frage bleibt offen: Haben sich die Kow-Swamp-Menschen schließlich mit den Mungo-Man-Menschen vermischt, sind sie ineinander aufgegangen? Alles, was wir mit Sicherheit wissen, ist, daß die ersten Menschen Australiens, wer sie auch immer gewesen waren, auf ihrer Suche nach Nahrung bereits umhergewandert waren. Australien wurde nicht nur von unterschiedlichen Menschengruppen, die im Laufe von vielen Jahrtausenden einwanderten, bevölkert, sondern auch von deren unterschiedlichen geistigen Konzepten, Glaubensvorstellungen und Bräuchen beeinflußt.

An diesem Punkt beginnen wir die einstige Konfrontation der Menschen asiatischen Ursprungs mit einem neuen, für sie völlig neuen Lebensraum zu sehen. Aufgrund der Isolation des Kontinents hatte sich ein Lebensraum entfaltet, der keinem anderen auf der Erde glich. Die Zeit der Dinosaurier war längst vorbei. Zurückgeblieben sind nur ihre erstarrten Fußabdrücke und ein paar versteinerte Knochen, die auf ihre Existenz hinweisen. Doch was als Zeugnis des langsamen Evolutionsvorganges übrigblieb, waren die Beuteltiere. Allerdings könnten die ersten Menschen Australiens den letzten Spezies der riesigen Urzeittiere begegnet sein, wie beispielsweise dem Riesenkänguruh (Procoptodon) und dem größten von allen, dem Wombat oder Diprotodon, einem Tier so groß wie ein Nashorn. Die meisten dieser Tiere waren Pflanzenfresser, sie stellten also kaum eine oder überhaupt keine Bedrohung für die Aborigines dar. Nur die Krokodile und ein großes raubendes Beuteltier, das Thylacoleo, waren eine wirkliche Gefahr für sie. Es dürfte wohl auch schwierig für sie gewesen sein, die zwei bis drei Meter großen Goannas (Echsen) mit Steinaxt und Speer zu jagen.

Aber als diese Tiere aufgrund von Klimaveränderungen und der zunehmenden Trockenheit im Landesinneren ausstarben, lernten die Aborigines mit dem einsamen, abseits liegenden Kontinent und seinen unzähligen, erdgeschichtlich uralten Felsbergen wie Ayers Rock (Uluru) und den Olgas (Katatjuta) meisterhaft umzugehen. Mit sich nur langsam verändernden Fluß-Systemen, mit riesigen Seen, die regelmäßig austrockneten, und niedrigen Bergketten, die weitgehend vor Vulkanaktivitäten sicher waren, sahen sich die Aborigines als Bewohner eines Landes, das geologisch betrachtet stabil war. Der Großteil des Kontinents entwickelte eine aus einem Gefühl der Losgelöstheit geborene zeitlose Gewißheit. Im Gegensatz zu vielen anderen Erdregionen, die von Erdbeben und Vulkanausbrüchen heimgesucht werden, ist Australien bereits ein alter, in sich ruhig gewordener Kontinent. Abgerundete Hügel, verwitterte Bergkämme, endlose Ebenen und wenig zerklüftete Küstenregionen verliehen dem Kontinent so etwas wie ein abgetragenes, veraltetes Erscheinungsbild, das jenen früheren Bewohnern Beständigkeit und Ruhe vermittelte. Dieser Kontinent entstand nicht aufgrund rascher Veränderungen – zumindest nicht in den Augen seiner ersten Einwohner. Diese Art von Stabilität wurde daher ebensosehr zu einem Teil des Charakters der Aborigines wie die früheren Wesenszüge, welche sie vielleicht aus dem Norden schon mitgebracht hatten. Sie machte sie konservativ und nach innen gewandt. Eine Rasse, die zufrieden war, ihre eigene spirituelle Wirklichkeit zu entwickeln – aus der einsamen Natur des Landes heraus, das sie besiedelt hatte.

Es ist wichtig, die Umweltbedingungen des Landes zu verstehen, die die Aborigines bei ihrer Einwanderung vorfanden. Einige tausend Jahre verflossen, bevor der gesamte Kontinent Erfahrung mit menschlichen Bewohnern machte. Um von der Küstenregion der Kimberleys oder von der Cape-York-Halbinsel aus in das Innere des Landes zu gelangen, mußten die Eiszeit-Nomaden den Flußmündungen aufwärts folgen. Als sie sich daran gewöhnt hatten, in einem oft rauhen Umfeld zu überleben, dürften sie auch weiter landeinwärts nach Nahrung gesucht haben. Somit mußten sie in einen metaphysischen Austausch mit einem bis dahin unbekannten Land eintreten. Dies war unvermeidlich, wenn man bedenkt, wie respekteinflößend die Wildnis den Eindringlingen erscheinen mußte. Auch heute noch mag eine Durchwanderung solcher Regionen oft ein Gefühl der Fremdheit, ja Feindschaft hervorrufen, wenn man ihre sakrale Überlieferung nicht kennt. So dürfte es den frühen Bewohnern regelmäßig ergangen sein, wenn sie ein neues Territorium für sich in Anspruch nahmen.

Um die einzigartige Beziehung der Aborigines zu ihrem Land zu verstehen, ist es wesentlich zu wissen, wie sie das ursprüngliche Gefühl der Fremdheit überwanden. Darauf wird ausführlich im fünften Kapitel eingegangen werden, doch man kann wirklich sagen, daß die Ureinwohner Australiens ihre Territorien ebenso tatkräftig und nachhaltig vermessen haben, wie moderne Kartographen dies heutzutage tun. Kein Baum, keine Höhle, kein Felsblock, keine Salzpfanne, kein Bachbett und keine Erhebung entging ihrer Aufmerksamkeit, wenn es darum ging, die Grundzüge ihres Landes in sich aufzunehmen. Genau gesagt, ihr Wissen über ihr Land war derart vollständig, daß sie es symbolisch in einer Aufeinanderfolge von Zickzacklinien und Merkmalen in den Sand oder auf Schilde zeichnen konnten.

Ein Forscher erlebte einmal eine ziemliche Überraschung, als er 1967 in der Pilbara-Region Westaustraliens einen älteren Ngarluma-Aborigine, der ein *Mekigar* (Medizinmann) war, über die Bedeutung der Kampfschild-Bemalung befragte. Eigentlich hatte er nur einen dekorativen Zweck dieser Zeichen vermutet. Doch er wurde bald von Parranuru, dem Ältesten der Ngarluma, der als außergewöhnlicher Geschichtenerzähler und Interpret traditioneller Gesänge bekannt war, eines Besseren belehrt. Er erfuhr, daß die ockerhaltigen roten und weißen Zickzacklinien, die »Thurrgul« (Geraden) und die »Wangu« (Kurven) in Form eines Diagramms aufeinanderfolgende Sektionen des Fortesque-River von seinem Ursprung bis zu seiner Mündung wiedergaben. Jeder Krieger, der entlang des Flusses lebte und den Schild eines anderen in Augenschein nahm, konnte sofort anhand der Schildzeichnung ablesen, an welcher Flußbiegung oder welchem Wasserloch der andere beheimatet war. So vermochte jeder den anderen sofort zu »erkennen«, auch wenn er ihn nicht kannte. Der Schild wurde zur symbolischen Definition des totemistischen Umfeldes, das nicht nur den Lebensbereich seines Trägers verriet, sondern auch den Schöpfungsprozeß der Welt durch die Regenbogenschlange wiedergibt, als sie sich ihren Weg vom Ozean ins Landesinnere bahnte. Die Worte eines Jindjiparndi-Liedes (Burrup-Halbinsel) lauten: Die Schlange erhob sich vom Norden her und zog einen tiefen Graben durch das Land, grub sich den halben Weg durch und kam den Fluß entlang vom Norden her. Indem sie Wasserlöcher schuf, vom Rande her beginnend, erzeugte sie auf halber Strecke zwei Hälften.

Ganz selbstverständlich wurde eine Verbindung zwischen den physischen Erscheinungen des Flusses und seiner mythologischen Schöpfung hergestellt. Außerdem entdeckte man, daß Aborigines einen absoluten Kompaß-Sinn besitzen, wenn es darum geht, sich im Gelände zurechtzufinden. Sie können große Entfernungen zurücklegen, ohne sich dabei zu verirren. Natürlich sind sie mit den Landformationen ihrer Heimat vertraut und können daher immer jeden Ort bestimmen, an dem sie sich gerade aufhalten. Doch diese Fähigkeit zeigte sich auch, wenn sie zum Beispiel Hunderte von Meilen von ihrer gewohnten Region entfernt, in ein Krankenhaus gebracht wurden. Obwohl sie ungewohnterweise von Mauern umschlossen waren, konnten Aborigine-Patienten genau die Richtung angeben, wo sie zu Hause waren. Selbst blinde Männer irrten sich selten, wenn sie ihre genaue Position bekundeten. Selbst in ihrer Sprache bringen die Aborigines die Bedeutung einer bestimmten Richtung zum Ausdruck. Beispielsweise sagen sie nicht einfach: »Einer fällt hin« oder »legt sich nieder«, sondern »einer fällt Richtung Norden« oder »legt sich Richtung Süden nieder«, jeweils der Richtung entsprechend.

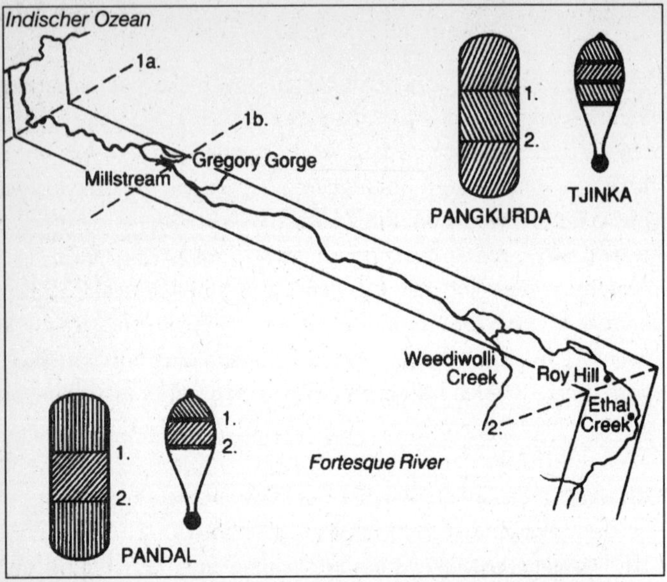

Abb. 1: Schildzeichnungen in Beziehung zu den Fluß-Biegungen. (Nach C. G. von Brandenstein in *Narratives from the North West of Western Australia in the Ngarluma- and Jindjiparndi-Languages*)

Es scheint klar zu sein, daß sich die frühen Bewohner Australiens komplexe Navigations- und Orientierungstechniken angeeignet hatten, die sie an die folgenden Generationen weitergaben. Diese »Reisehilfen« waren wichtig, um in der Abgeschiedenheit zurechtzukommen. Schilde oder Zeichnungen im Sand, auch Botschaftsstäbe oder Waffen bildeten eine geographische Karte der Region, von der Händler oder Besucher wichtige Erkenntnisse ablesen konnten, wenn sie durch unbekanntes Territorium reisten. Die unverfälschte Welt der weiten Ebenen, Bergketten und Flüsse konnte auf abstrakte und symbolische Weise dargestellt werden – in Übereinstimmung mit der Rolle, die sie im mythologischen Kreislauf spielten, den die Aborigines in Zentralaustralien *Alcheringa* (Traum) nennen.

Der mythische Kreislauf des Traums

Die Aborigines unterließen es nicht, die bedeutsamen Klimaveränderungen oder das Aussterben der letzen Urzeit-Tiere zu vermerken. In ihren Mythen wird oft eine Zeit erwähnt – jene bereits angesprochene »Traumzeit« –, als der Kontinent noch nicht belebt war und die Helden des Himmels gezwungen waren, sich großen Veränderungen zu stellen. Die Unda-Gnoora-Aborigines in der Cooper-Region in Zentralaustralien sprechen von einer Zeit, in der das heutige ausgetrocknete Seensystem voll Wasser und die Region rundum fruchtbar war. Dichte Wolken schirmten die Erde von der Sonne ab. Riesige Eukalyptusbäume bezogen ihre Wachstumskraft aus dem regelmäßig fallenden erfrischenden Regen. Damals glich die heutige weite Steinwüste einem unermeßlichen Garten.

Zu dieser Zeit stiegen die Kadimakara (riesige Beuteltiere), eine Gruppe von drei Himmelshelden, aus dem Blätterreich ihrer Bäume zur Erde herab, da sie dem frischen Grün des Graslandes nicht widerstehen konnten. Die drei Eukalyptusbäume, von denen sie herabkletterten, glichen Säulen, die den Himmel stützten. Als diese dann auf mysteriöse Weise zerstört wurden, wurden die Kadimakara von ihrer himmlischen Heimat abgeschnitten; von nun an waren sie gezwungen, in der niederen Welt herumzustreifen und so lange im Sumpfland herumzuwandern, bis sie starben. Ihre Überreste versteinerten im Salzsee von Callabonna, bis sie 1893 von einem Museums-Team gefunden wurden. Ihr wissenschaftlicher Name ist Diprotodon (Riesen-Wombat). Eines der Kadimakara-Skelette bereichert nun eine Ausstellung in Adelaide.

Doch die Geschichte endet hier noch nicht. Die kleinen Löcher im Himmel, die durch den Verlust der drei Eukalyptusbäume zurückblieben, wurden allmählich größer und größer, bis sie zusammen ein einziges riesiges Loch bildeten, das »Puri Wilpanina« genannt wird. In den dazwischenliegenden Jahrtausenden – seitdem das große Loch existiert – war das Land von einer Aufeinanderfolge von Dürreperioden und Überschwemmungen zerstört worden. Und die Unda Gnoora, »die ersten Menschen« dieser Zeit, fühlten sich von einer Katastrophe nach der anderen bedroht. Entweder stand ihr Jagdgebiet unter Wasser, oder das Wild, das ihre Nahrungsgrundlage bildete, hatte nach einer anhaltenden Trockenheit das Land verlassen.

Ein solcher Mythos reflektiert die Bedeutung der Klimaveränderungen, die vor Millionen von Jahren stattfanden, als im Landesinneren der Walloon-See entstand. Damals gediehen üppige Wälder – der Lebensraum großer Beuteltiere und Flamingos –, und später lebten im See selbst Delphine und Lungenfische. Als der Walloon-See austrocknete und nur ein paar Salzseen zurückblieben, erlebte der australische Kontinent eine neue Klimaphase, in der die Aborigines im Landesinneren mit einem zunehmend dürren, unfruchtbaren Lebensraum konfrontiert wurden – dies forderte große Geschicklichkeit, um zu überleben. Der Mythos über die Kadimakara erzählt von einer Zeit, als große Fülle herrschte. Diese schwand, weil die Himmelshelden unersättlichen Appetit auf das grüne Land verspürten. Alle Aborigines haben aus dieser Lektion ihre Lehren gezogen.

Der Anstieg des Wassers, vermutlich am Ende der Eiszeit, wird in einem Mythos im Northern Territory festgehalten. Ein Murinbata-Aborigine, der mit dieser Geschichte vertraut ist, erzählt vom Schwinden des Landes unter dem ansteigenden Wasserspiegel aufgrund der anhaltenden Regenfälle. Nur ein Berggipfel blieb über dem Wasser sichtbar. Zu diesem wurden alle Männer, die dem Vogel-Totem angehörten, unter dem Kommando von Karen, dem Stein-Regenvogel-Mann, hingeführt. Zusammen errichteten sie rund um ihren Inselberg einen Damm aus Steinen, um das steigende Wasser abzuhalten. Jene Tiere, die es geschafft hatten, sich auf die Insel zu retten, wurden zur Nahrung für die Flüchtlinge. Es heißt, daß diese Tiere Menschen waren, die sich in ihre totemistische Form verwandelt hatten. Schließlich gab Karen einigen Vogel-Männern den Befehl, hinauszufliegen, um das Meer auszukundschaften, ob nicht noch anderswo Land zu sehen sei. Als sie zurückkamen und mitteilten, sie hätten kein anderes Land gefunden, sandte Karen noch zwei Honigfresser-Männer aus, in der Hoffnung auf bessere Nachrichten. Nach einem Tag und einer Nacht über dem Meer kehrten die Honigfresser-Vogelmänner schließlich mit einem grünen Zweig in ihren Schnäbeln zurück. Um diese Entdeckung richtig zu würdigen und mit dem Wissen, daß das Überleben nun sichergestellt war, flog Karen hoch in den Himmel, wo er sich in der Nähe des Mondes in einen Stern verwandelte. Nachdem die Gewässer zurückwichen, wurden die Vogelmänner zu Vögeln und flogen zurück in jene Länder, aus denen sie stammten.

Die Geschichte erinnert an die der Arche Noah, in der sich verschiedene Tiere und Vögel zusammendrängten, als Noah hoffte, der Flut zu entkommen. Vermutlich führten Eiszeit-Überschwemmungen zu unterschiedlichen Zeiten zu gewaltigen Einbrüchen und Veränderungen im Leben von Menschen und Tieren. Dieser Mythos aus dem Northern Territory schildert eine solche Naturkatastrophe und den Kampf ums Überleben aller Lebewesen.

Der Geist des Ortes

Von Anfang an waren »die ersten Menschen« in ihrer neuen Heimat mit dem Integrationsprozeß beschäftigt. Sich anderen Klimabedingungen anzupassen, die Gewohnheiten der ungewöhnlichen Tierarten zu verstehen, mit einer ursprünglichen, ungezähmten Natur, mit uralten Vegetationsformen zurechtzukommen und herauszufinden, von was man sich ernähren kann, was bei Verletzungen hilft oder der Gesundheit förderlich ist – das waren einige der Aufgaben, mit denen die ersten Bewohner Australiens konfrontiert waren, als sie in südlicher Richtung den Kontinent durchquerten. Ähnlich den späteren Eroberern, die auf Pferden oder Kamelen durch das Outback (Buschland) ritten, gaben sie den verschiedenen Plätzen Namen, um sich selbst damit zu identifizieren. Der Unterschied lag in der Art, wie die früheren Einwanderer das Land in ihre Mythologien hüllten, um das sicherzustellen, was später als zeitlose Realität unzähligen folgenden Generationen als spirituelle Stütze dienen konnte.

Hier müssen wir abschweifen. Wir haben vorerst zu begreifen, daß jener Prozeß, in dem das Land zum Mittelpunkt metaphysischer und mystischer Einsichten gemacht wurde, der Schlüssel zum Verständnis der religiösen Glaubensvorstellungen der Aborigines ist. Da sie bereits eigene Lebenskonzepte aus einem anderen Lebensraum mitgebracht hatten, mußten diese so auf das neue Umfeld übertragen werden, daß sich das Leben in seinem tiefsten Sinn zu erfüllen vermochte. Dieses Argument widerspricht der Annahme, daß die Aborigines nur deshalb so große Ehrfurcht vor Naturphänomenen hatten, weil sie diese nicht erklären konnten. Diese Ansicht kommentierte Ludwig Wittgenstein mit den Worten, daß dies ein dummer Aberglaube unserer Zeit sei. Doch ist es offensichtlich, daß sich religiöse Antworten aus den Ausdrucksmöglichkeiten der jeweiligen Sprache und den Lebensumständen eines Volkes ableiten. Um zu verstehen, was Henry Corbin »Visionäre Geographie« nannte, ist es wichtig, die Art zu erfassen, wie sich die Aborigines ihrem Land zuwandten – wenn nicht in Worten und Mythen, dann in symbolischer Form.

Die Aborigines vertreten die Ansicht, daß die Erde ihre ganz eigene Kultur verkörpert. Die Erde wurde ausschließlich durch die verschiedenen Taten der Himmelshelden in der Zeit des Traums geschaffen. Dadurch wurde das Land zu einer geographischen Ikone, denn sein Entstehen folgte einer mystischen Ordnung, nicht einer geographischen. Die verschiedenen Kategorien ihrer Heiligkeit, die vom Intellekt oder der Seele erkannt werden können, lassen sich in der Landschaft ablesen. Das heißt, daß die Erde nicht nur symbolisch das Ideal repräsentiert, sondern auch dessen manifeste Form. In der Vorstellung der Aborigines ist eine »träumende Landschaft« eine Verkörperung mystischer Wirklichkeiten, welche mit Worten nur schwer erklärbar sind. Das heißt, wenn ein Aborigine von seinem »Dreaming« spricht, meint er das Land als eine Ikone, die seine mystische Anbindung an dieses Land zum Ausdruck bringt. Sein ganzes Sein, seine Kultur und sein Wissen über das Stammesgesetz, das ihm aus der Traumzeit überliefert wurde, werden zu einer Erweiterung der visionären Landschaft, zu der er gehört.

Die tiefe Verehrung der Aborigines für ihr Land resultiert aus der Konfrontation der ersten Menschen mit eben dessen *Neuheit* als metaphysische Vorstellung, und weniger mit dessen hohem Alter im geologischen Sinne. Für die ersten Einwanderer dürfte es keineswegs einfach gewesen sein, die Kluft zwischen ihrer uralten, uns heute unbekannten asiatischen Kultur und der menschenleeren, einsamen Landschaft Australiens zu überbrücken. Dies erforderte eine spezifische Art von Verbindlichkeit. Die Formulierung eines Glaubenskanons, der sie in ihrer neuen Umgebung stärkte und überleben ließ, ist nur ein Aspekt der geistigen Veränderung, die in den ersten 10 000 Jahren der Bevölkerung Australiens vonstatten gegangen sein muß.

Um ein Netzwerk aus Mythen, Gesängen und Tänzen zu entwickeln, aber auch um verschiedene Fragen über den Ursprung nützlicher Werkzeuge wie Speere, Äxte oder Bumerangs zu beantworten, mußte ein gründlich durchdachtes Vorstellungsgebäude errichtet werden, sollte deren magischer Gehalt als kulturelles Kunstprodukt erhalten bleiben. Daraus ist ersichtlich, daß die Aborigines zwischen der metaphysischen Dimension – als Quelle allen Wissens – und der physischen Welt keinen Unterschied machten. Für sie war das ein und dasselbe. Die Manifestation der Natur stellte ein Resultat der metaphysischen Inspiration dar und nicht das Ergebnis physisch operierender Kräfte.

Als Nomaden, Jäger und Sammler begannen die ersten Menschen, im Einklang mit ihren spirituellen und lebenserhaltenden Aufgaben Dinge zu benennen und zu unterscheiden. Die Natur brachte neue Arten und Formen im Tier- und Pflanzenreich hervor, die entsprechend zugeordnet werden mußten. Zur selben Zeit sahen sie sich herausgefordert, ihren eigenen Ursprung in Beziehung zu ihrem früheren Einwandererstatus und auch in Beziehung zu ihrem Status als Wesen einer bestimmten spirituellen Zugehörigkeit zu definieren. Diese zweifachen Erklärungslinien gingen oft Hand in Hand, solange auf Stammesmythen zurückgegriffen wurde, um bestimmte Antworten zu finden. Aus den Mythen vieler Aborigine-Völker im Norden Australiens geht klar hervor, daß sie sich ihrer ersten Menschen – ihrer Vorfahren – bewußt waren. Die Geschichte der Maletji-Hunde in der Kimberley-Region im Nordwesten Australiens deutet auf die Ankunft des Dingos (wilder Hund) hin. Es heißt, er habe Australiens Küste etwa vor 4 000 Jahren zum erstenmal erreicht. Umgekehrt mag dies durchaus eine tief gefühlte, wenn auch selten dargelegte Überzeugung der Aborigines über ihren früheren Einwandererstatus beinhalten.

Jedenfalls wird erzählt, die Maletji-Hunde seien über den Indischen Ozean geschwommen und hätten eine Insel vor der

Küste in der King-Sound-Region erreicht. Von hier wateten sie an Land und wanderten in südwestlicher Richtung zwischen den Napier- und den King-Leopold-Ranges. Und während sie nach Wasser scharrten, formten sie die Landschaft. Als sie den heutigen Ort Fitzroy Crossing erreichten, der nahe an der nördlichen Grenze der Great-Sand-Desert (Großen Sandwüste) liegt, kreuzte sich ihr Weg mit einem Wind, der von Westen herüberwehte und den Geruch von Wasser mit sich trug. Daraufhin wanderten sie die Napier-Ranges zurück, durchquerten an der nördlichen Seite die Windjana-Schlucht, bis sie zum Ursprung des Geruches kamen, dem Perilama Rockhole (mit Wasser gefülltes Felsenloch) bei Barralumma. Hier entschieden sie sich zu bleiben, denn rundum gab es genug Wild, das zur Tränke kam – sie waren also reich mit Nahrung versorgt. Noch heute existieren die Dingos als sogenannte »Schatten« – eine Felsenmalerei, die angeblich ein Selbstporträt der Schöpferwesen darstellt.

Was die eigentliche Bedeutung dieser mythischen Wanderung betrifft, so ist eine solche Geschichte eine Fundgrube interessanter Informationen. Die Geschichte berichtet auch über die Erschaffung der Wasserlöcher oder genauer gesagt, über die darauffolgende Entstehung von Tierfährten zwischen den Wasserlöchern. Es sind Fährten, die Aborigines benutzten, als sie ihr Land durchquerten. Nennenswert ist, daß die Wege der Maletji-Hunde überall im Inneren der Wüstenregion vorkommen. Ein Platz von besonderer Bedeutung, wo der Schöpfungsprozeß der Dingos stets aufs neue zelebriert wird, befindet sich bei der Ngama-Höhle in der Tanami-Wüste, mehr als tausend Kilometer südöstlich der Kimberleys. In der Zeit des Traums begleiteten diese Hunde Jarapiri, die Große Schlange, die auch als Regenbogenschlange bekannt ist. In der Region von Winbaraku und südlich davon bis Ngama hat sie lokale Namen wie zum Beispiel Warlu oder Kunukban. Die vielen

Mythen und Geschichten, die mit den Maletji-Hunden verbunden sind, werden einer besonderen Kategorie von Himmelshelden zugeordnet.

Doch im Zusammenhang mit der Traumreise der Maletji-Hunde gibt es noch eine andere Auslegung. Laut Aussage von Banjo Woonamurra, einem älteren Mitglied des Bunuba-Volkes, waren diese Hunde für die Verbreitung des Aborigine-Gesetzes zuständig – zumindest hatten sie einen gewissen Anteil daran. Ob diese mythologischen Hunde das Gesetz aus der Ferne mit sich brachten oder ob die frühen Einwanderer, die mit dem Dingo auf den australischen Kontinent kamen, die eigentlichen Gesetzeshüter waren, ist unklar. Vermutlich trafen im Laufe des Mytholisierungs-Prozesses verschiedene Bestandteile der Geschichte der Maletji-Hunde zusammen und ließen sie Realität werden. Jedenfalls überstiegen die Maletji-Hunde ihren Dingo- wie auch Einwanderer-Status und verkör-

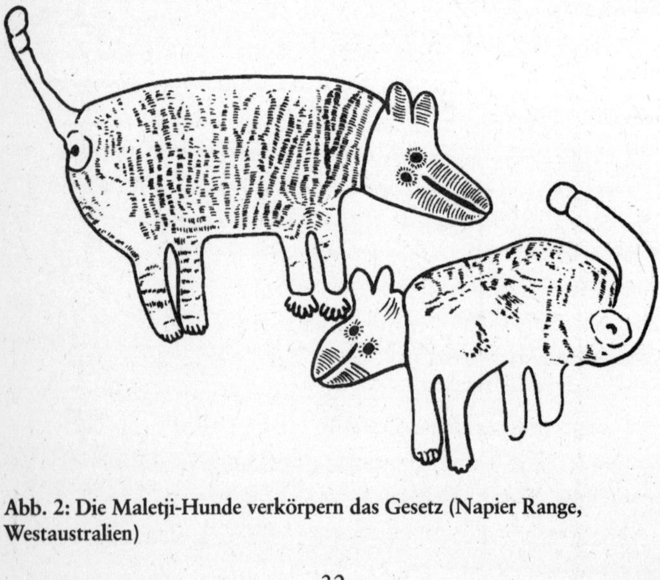

Abb. 2: Die Maletji-Hunde verkörpern das Gesetz (Napier Range, Westaustralien)

perten statt dessen himmlische Wesenheiten. Kein Wunder, daß die Dingos im Herzen der Aborigines einen besonderen Platz einnehmen. Einerseits gilt der Dingo als persönlicher Freund und Jagdgehilfe, man kann sich auch in kalten Nächten an seinem Körper wärmen, und andererseits symbolisiert er das traditionelle Gesetz. Überall im Land sind die hochverehrten Dingo-Stätten zu finden.

Abgeschieden vom Rest der Welt vermischten sich die Aborigines nicht mit anderen Völkern, wie es gewöhnlich bei größeren Völkerwanderungen geschieht. Sie gaben sich bald zufrieden mit einer Lebensart, deren Charakteristik die Zurückweisung jeder Neuerung und Veränderung war. Die fortdauernde Gegenwart einer Steinzeitkultur in einer Welt, die schon seit langem größer werdende Gesellschaftsformen und steigende materielle Werte ausgebildet hatte, bedeutet natürlich kulturelle Isolation. Doch die spiegelt auch die notwendige Härte einer Urform-Existenz wider, wenn kein Kontakt mit der äußeren Welt stattfindet.

Die Lebensart der Aborigines ist gleichzeitig einfach und komplex, rückständig in materieller Hinsicht, doch hoch entwickelt im spirituellen Sinne. Diese Gegensätze machen dem Aborigine nicht viel aus, solange er nicht gezwungen wird, seine Kultur und seinen Glauben den Erwartungen und Anforderungen Außenstehender zu unterwerfen. Wie viele andere Kulturvölker, die ihren ursprünglichen Traditionen gemäß leben, wünschen sich die Aborigines, ihren eigenen kulturellen Prioritäten entsprechend, religiöse Werte über materielle Werte stellen zu können. Ihre »Rückständigkeit« stellt daher zum Teil eine bewußte Wahl dar. Geistige Introvertiertheit verlieh ihnen eine Stärke, die jede Sympathie für jene ausschließt, die darüber unzufrieden sind, daß sie nicht einen höheren Lebensstil führen. Das Land allein ist der Erlöser und die Quelle ihres Wohlbefindens.

Australien und seine ursprünglichen Bewohner geben uns die seltene Gelegenheit, unsere eigene ursprüngliche Herkunft herauszufinden. Diese allerdings ausschließlich im Sinne kultureller Evolution zu erforschen, hieße das Eigentliche zu verfehlen. Eine Steinzeit-Kultur ist tatsächlich eine wilde Kultur. Aber sie beinhaltet bestimmte Werte, die das Leben absolut lebenswert machen. Das eigentliche Wesen einer Kultur zu entdecken, die einen ganz anderen Weg eingeschlagen hat als die unsere, erfordert, daß wir uns zuerst einmal damit auseinandersetzen müssen, bevor wir eine Brücke über die Kluft, die uns von altsteinzeitlichen Vorstellungen trennt, errichten können.

Aborigines denken nicht anders als wir – doch sie betrachten materielle Werte aus einem eher mystischen Blickwinkel heraus. Für sie entstand ihr natürliches Umfeld nicht – niemals – im Sinne einer funktionalen Entwicklung von Geweben und Organen, vielmehr wurde die Schöpfung der Welt von spirituellen Wesenheiten bewirkt. Und jene Himmelshelden sind es auch, die die Basis aller religiöser Überzeugungen bilden. Bevor sich jemand in diese Welt begibt, sind gewisse Umstände zu beachten. Die Fähigkeit, eine Verbindung zwischen der physischen und geistigen Welt zu sehen, verlangt eine spezielle Form der Wahrnehmung. Dieses Einsichtsvermögen habe ich »altsteinzeitliche Vision« genannt, da es scheint, daß Aborigines in einer bestimmten Weise eingeweiht sind, um eine Welt zu sehen, in der alle Kräfte zusammengefaßt sind, die die sichtbaren wie die unsichtbaren Bereiche beherrschen. Um dem Wissen der Aborigines näher zu kommen, ist es notwendig, mit dem Pantheon, das aus vielen, ihre Welt bereichernden Geistwesen besteht, vertraut zu werden. Ob es die Form des All-Schöpfers Ungud ist oder Jarapiri, die Regenbogenschlange –, diese geistigen Wesenheiten spielen ihre Rolle bei der Schöpfung der Welt.

Die Ankunft der ersten Menschen an Australiens Küsten ist als Ereignis jedenfalls weniger von Bedeutung als das, was danach geschah. Die Art, wie die Aborigines aus den Bruchstücken des vorhandenen Materials eine spirituelle Landschaft entwickelten, zeugt von ihrem Genie. Dieser »visionären Geographie« wollen wir im folgenden Kapitel nachgehen.

2.
In den Fußspuren der Regenbogenschlange

Der Regenbogen ist in Australien mit der Vorstellung der himmlischen Schlange verbunden. Der Regenbogen ist eine himmlische Brücke, über die nur Götter zu wandern vermögen, während die Region der Menschen darunterliegt. Traditionsgemäß wird der Regenbogen als eine Verbindung zwischen der unsichtbaren geistigen Welt und den materiellen Manifestationen betrachtet. Die Schlange ist also Vermittler zwischen unmanifestiertem Prinzip und stofflichem Reich, entsprechend eines frühgnostischen Textes: Auf halbem Weg zwischen Vater und Materie ... ist es die Schlange, die ewiglich dem unbewegten Vater und der bewegten Materie entgegenstrebt; nun wendet sie sich dem Vater zu und sammelt vor seinem Angesicht Kräfte.

Betrachten wir die Regenbogenschlange im Zusammenhang der Kosmologie der Aborigines, dann repräsentiert sie die Verschmelzung von zwei wichtigen Prinzipien, die die Einheit zwischen Geist und Materie darstellen. Bei den Kogai, einer Volksgruppe im Südosten Australiens, hieß beispielsweise der Regenbogen »nabal ane tumbila« – »das Feuer Gottes«.

Die Regenbogenschlange ist mehr als alle anderen spirituellen Wesenheiten unter allen Aborigine-Völkern verbreitet. Im Norden verehren die Aborigines das Bild der Regenbogenschlange an Felsenwänden genauso wie die Völker im Süden in Felsritzungen oder im Ritual. Von der Pilbara-Region im Westen bis zur Carnarvon-Schlucht in Queensland sieht man ihr Bild. Rund um Haast Bluff in Zentralaustralien heißt es, daß Jarapiri, die Große Schlange, aus Winbaraku (sakrale Stätte westlich von Haast Bluff in den Macdonnell Ranges) hervorging, um nordwärts zu einer Höhle bei Jukuita in der Tanami-Wüste zu ziehen.

In der Mutitjilda-Schlucht am Fuße des Uluru schläft Wanambi, wie hier die Regenbogenschlange genannt wird. Andere Namen hat sie im Norden Australiens, wo sie unter den Jim-Jim-Wasserfällen schläft, und auch bei Mootwingi, im Herzen von New South Wales. Bei wichtigen Stammeszeremonien, die zu bestimmten Zeiten abgehalten werden, wird zum Beispiel in Liedern und Sandzeichnungen die Erschaffung der Welt durch die Regenbogenschlange gefeiert. Kein Aborigine wird jemals die immerwährende Existenz der Großen Schlange leugnen. Auch dann nicht, wenn er das Phänomen von Kraftfahrzeugen gewohnt oder Sozialfürsorgeempfänger ist, und selbst dann nicht, wenn er christliche Sitten und Moralvorstellungen übernommen hat. Jarapiri steht über allen anderen, ein höchst geistiges Wesen, das nur vom All-Schöpfer übertroffen wird. Dessen Name ist im Nordwesten *Ungud*, im östlichen Australien *Baiame*, rund um die Pilbara-Region *Mangela* und in Victoria *Pundjel (Bunjil)*.

Die Bedeutung der Regenbogenschlange läßt sich besser verstehen, wenn wir erkennen, wie dieses geistige Wesen in den metaphysischen Rahmen, den die Aborigines »Traum« nennen, hineinpaßt. Einer der Kommentatoren bezeichnet *Alcheringa*, den Traum, als eine Weltentstehungslehre, eine Art Schöpfungs-Studie oder einen Bericht über die Erschaffung des Universums. Das mag zwar eine Möglichkeit sein, den Traum zu umschreiben, erklärt aber nicht seine außergewöhnliche spirituelle und soziale Bedeutung im Leben der Aborigines. Für einen früheren Betrachter, der die Arunta-Aborigines in Zentralaustralien erforschte, war *Alcheringa* ein Name, mit dem jene alte Zeit gemeint ist, in der die mythischen Ahnen dieses Volkes lebten. Bei den Nungar-Aborigines im Südwesten Australiens war die Traumzeit unter dem Namen *Njidding* – Eiszeit – bekannt, eine Epoche, als »die Erde weich war«. Der »Traum« verkörpert offensichtlich sowohl eine historische Perspektive als auch eine Erzählung über die Urschöpfung der Welt. Es sind daher die Aktivitäten der Ahnenwesen mit ihren unterschiedlichen kreativen Taten »außerhalb der Zeit«, mit denen sich die Aborigines identifizieren, wenn es um die Bestimmung ihrer Lebensart geht.

Die Himmelshelden der Traumzeit

Ahnenwesen oder Himmelshelden besitzen unzählige und wandelbare Formen. Rund um Uluru (Ayers Rock) wurden eine Anzahl wichtiger mythischer Zyklen erforscht. Die Aktivitäten der legendären Helden handeln von der großen Schlacht zwischen den Liru, den Giftschlangen-Menschen, und den Kunia, den ungiftigen Teppichschlangen-Menschen. In der Traumzeit wurde hier auch die Mala-Bevölkerung (Hasen-Wallabies) durch Kulpunya, einen dämonenhaften Hund, fast völlig vernichtet. Weiter im Norden, in der Nähe von Katherine kämpften jedes Jahr aufs neue vor Beginn der Regenzeit die beiden *Lightning Brothers* (Blitz-Brüder) gegeneinander. Und im Nordwesten, in den Kimberleys dominieren in den Glaubensvorstellungen der Aborigines die *Wandjinas*, mysteriöse wolkenähnliche Gestalten. Überall in Australien nehmen verschiedene totemistische Himmelshelden die Form von Tieren, Vögeln, Fischen, Meerestieren, Felsen und manchmal auch von Menschen an. Die Katatjuta (Olgas) stellen die verwandelten Körper der Pungalunga-Männer dar, und mit Atila (Mount Conner) sind die Ninja-Eismänner verbunden, die hier die mythischen Zyklen beherrschen.

Da Aborigines totemistische Glaubensvorstellungen haben, ist es nicht verwunderlich, daß sie auch ihre Himmelshelden als totemistische Wesen betrachten. Genaugenommen waren es die Himmelshelden selbst, die den Aborigines ihre totemistische Identifikation gaben. Sie sind es, die allen lebendigen Vorbildern, welche die Aborigine-Gemeinschaften lenken, Gestalt verliehen. Die archetypischen Vorstellungen als Grundlage aller Lebewesen machen einen wichtigen Teil der Persona der Himmelshelden aus, auf daß diese im Reich der Materie einen Widerhall erzeugen. Der Ausspruch »wie oben so unten« stimmt mit dem Glauben der Aborigines, wonach sich metaphysische Vorbilder als Himmelshelden »verkleiden«, ganz und gar überein. Auf diese Weise verkörpern sowohl die Hare-Wallaby-Menschen als auch die Pungalunga-Männer die physische Erscheinungsform ihres irdischen Prototyps, während sie gleichzeitig eine rein metaphysische Dimension zum Ausdruck bringen, die niemals manifestiert werden kann. Die Ninja-Eismänner zum Beispiel existieren als Idee, durch die grundlegende Werte repräsentiert werden; sie stellen weniger Figuren dar, die, vom Rauhreif gezeichnet, mit klimpernden Eiszapfen in ihren Augenbrauen und Bärten spielen. Dieses Bild ist natürlich auf der äußeren Ebene zufriedenstellend, aber es erklärt nur zur Hälfte ihr Wesen.

Die Traumzeit ist in erster Linie und vor allem ein metaphysischer Zustand, der das Wirken göttlicher Prinzipien – in Gewänder totemistischer Helden gehüllt – andeutet. Mit Hilfe des Mythos verschaffen sie sich Geltung. Und durch das Ritual können sich Menschen mit ihren Himmelshelden identifizieren. Die großen Zeremonien dienen innerlich als Kanal, durch den die Ereignisse des Traums in Erinnerung gerufen werden; diese werden reflektiert, und auf ihrer Grundlage findet das Leben der Menschen statt. Kein Aborigine kann den Traum aufgeben, ohne dabei das Risiko einzugehen, schweren psychischen Schaden zu erleiden. Eben diese Störung ist die Wurzel der Verzweiflung und Entfremdung der heutigen Stadt-Aborigines. Unglücklicherweise ist für sie der Traum nicht mehr lebendige Wirklichkeit.

Jede Handlung eines Aborigine ist in seinen ihn nährenden Traum eingebettet – schon vom Augenblick seiner Empfängnis an. Aus dieser Sicht betrachten Aborigines – abgesehen von einigen Volksgruppen im Norden – den sexuellen Akt nicht als den wirklichen Urheber der Empfängnis. Statt dessen gehen sie davon aus, daß menschliche Geister die Luft bewohnen, darauf wartend, in den Mutterschoß »hineingeträumt« zu werden. Normalerweise geschieht dies durch die Frau selbst auf Befehl eines Totems oder in Verbindung mit einem Traumzeit-Ort. C.P. Mountford bezieht sich auf die Traumstätte Winbaraku im Territorium der Ngalia-Aborigines in Zentralaustralien: Die ›Taraulba‹-Geistkinder leben im Inneren der ›Kulpidjis‹ oder ›Charungas‹ (heilige Objekte, siehe Kapitel 3), die auf dem Gipfel von Winbaraku aufbewahrt wurden. Diese Geistkinder ... haben dunkles Haar mit hellen Strähnen. Sie essen das Harz an den Stämmen der Akazienbäume und trinken den Morgentau. Sehr früh am Morgen verlassen die Taraulbas ihr Lager auf der Höhe von Winbaraku und setzen sich in den Schatten von Bäumen, um nach geeigneten Müttern Ausschau zu halten. Sieht ein Geistkind eine Frau, die ihm willkommen scheint, verkleinert es sich zu der Größe einer Ameise und wartet auf eine Gelegenheit, in ihren Körper eintreten zu können. Bleiben an einem Tag die Bemühungen eines kleinen Geistkindes erfolglos, so kehrt es in sein Heim auf dem Winbaraku-Gipfel zurück und setzt am nächsten Tag seine Suche nach einer Mutter fort.

Die Vaterschaft liegt daher in der Verantwortung des zum Leben erwachenden Geistkindes, der physische Akt von seiten des Vaters ist dabei weniger bedeutsam. Das neue Leben, das beschlossen hat, in eine Frau einzutreten, ist eine vollständige Wesenheit, die ihren Ursprung in weit entfernter Vergangenheit hat und vollkommen unabhängig von jeder lebenden Person ist. Das Kind ist auch nicht durch das Blut mit irgendeiner lebenden Person verbunden. Das gibt dem Kind den Freiraum, innerhalb seiner Lebensgemeinschaft spirituelle wie soziale Beziehungen zu knüpfen.

Die Präsenz des Traums ist im Leben eines Aborigine in gewisser Weise bereits gegeben, noch bevor er empfangen wird. Sein individueller Geist ist ein Teil des unbegrenzten Reservoirs jenes Geistes, der vom Traum ausströmt. Sein Erscheinen auf Erden ist das Resultat eines Transmigrationsakts des Werdens (der Manifestation) der geistigen Wesenheit, welche vom Traum abstammt.

Ein Mensch wird auf dem Wege totemistischer Begegnung für die Dauer seines physischen Lebens in einer menschlichen Form »empfangen«. Er kann daher diesen »Gordischen Knoten« nicht lösen, der ihn an den Traum bindet. Sein Leben lang ist er dem geistigen Wesen, das ihn »gemacht« hat, zu Treue verpflichtet. Deshalb erkennt er an, daß der Traum in seinem Leben immer gegenwärtig ist. In dieser Hinsicht mag er sagen, eine Person, ein Platz oder er selbst befinde sich in *Ungud* – in einem Stadium tiefer Ruhe und Weihe.

Dennoch kann der Traum nicht als ein paradiesischer Zustand oder als Widerspiegelung eines Goldenen Zeitalters betrachtet werden. Die Zeit der Helden mag zwar unter den Aborigines ein nostalgisches Gefühl für die Vergangenheit erwecken, aber ein solches Empfinden wird durch das Wissen gelenkt, daß sich die Traumzeit-Ereignisse in einer entfernten

Vergangenheit ereignet haben. Nichtsdestoweniger beschwört der Traum aufgrund seiner ausgesprochen zeitlosen Qualität eine unmittelbare Gegenwart herauf, wodurch sich die Taten der Himmelshelden noch immer ereignen, besonders während zeremonieller Handlungen. Aborigines erklären oft Traumzeit-Ereignisse in der Gegenwartsform, als würden sie gerade geschehen, während sie davon sprechen. Weder die Zeit noch die Geschichte sind für die Aborigines von großer Bedeutung, und der Traum hat eher an der Ewigkeit als am Zeitgefüge teil. Allerdings gibt es Zeit im gesellschaftlichen Sinne, sie beeinflußt zeremonielle Abläufe und ordnet die Einheit des Stammes. Der Traumzeit sind rhythmische Abläufe eigen, sie bringen in vollendeter Leichtigkeit vergangene Ereignisse in die unmittelbare Gegenwart.

Der Traum wird aber auch erkennbar und sichtbar gemacht. Lange mythische Erzählungsfolgen, die die Erschaffung des Landes durch Himmelshelden in ausführlicher Form beinhalten; zeremonielle Tänze (corrooborees), bei denen sich Männer, ihrem Erbe gemäß, in ihren Traum verwandeln (die Körpermalereien mit bestimmten Zeichnungen der totemistischen Identität gewährleisten die Transzendenz des Mannes) und Sandzeichnungen gehören zum Ritual – dies sind nur einige Methoden, um den Traum zum Ausdruck zu bringen. Einzelne Künstler haben auch mit ihrem inneren Wissen Zeichnungen angefertigt, um uns den Traum in einer etwas erweiterten Form verständlicher zu machen. W.G.H. Stanner erzählt von einer Begegnung mit Pandak, Mitglied der Diminin-Aborigines. Er war ein alter Mann, der dem Ende seines Lebens entgegensah. Er schenkte Stanner ein gemaltes Bild über den Traum, welches uns eine bemerkenswerte, einzigartige Ansicht über »die ganze Welt«, so wie Pandak sie kurz vor seinem Tode sah, vermittelt. Dieses Bild beschreibt fünf Wirklichkeitsebenen. Die oberste Himmelsebene offenbart vier

Sonnen, die sich im Uhrzeigersinn bewegen. Die erste Sonne in der linken oberen Ecke ist gleichzeitig weiblich und schlangenartig. Die zweite und dritte Sonne ist männlich, während die vierte wieder weiblich und von Wolken umgeben ist. Die Sonnen sind dabei der Erde näher als die entfernten Sterne, die wiederum weiblich und »unverheiratet« sind. Die zweite Ebene von oben stellt die Milchstraße dar, die dritte Ebene den Mond (in seinen unterschiedlichen Formen zwischen Neu- und Vollmond), die Planeten und den Morgenstern. Die Planeten sind männlich und der Morgenstern, der mit seinen Kindern zu sehen ist, ist weiblich. Die vierte Ebene beschreibt den Raum direkt über der Erde, eine feste Bodenschicht, auf der Bäume wachsen, sowie nahe oder entfernt liegende Orte. Die fünfte Ebene ist der Raum in bzw. unter der Erde, durch den nachts große (männliche) Sterne wandern. Schließlich wird jeder Abschnitt der Erde als ein entferntes Land betrachtet.

Daß der Kosmos als »Fünfling« erscheint, ist gar nicht so überraschend. Es heißt, daß die legendäre »fünfte Essenz« jene Substanz sei, aus der die Himmelskörper bestehen, eine Substanz, die auch in allen Dingen latent vorhanden ist. Demzufolge werden jeder Manifestation stets fünf Aspekte innewohnen – die vier Elemente der Materie und ein fünftes, das *Fiat lux* (Es werde Licht) – des Schöpfungsprinzips. In der obersten Region repräsentiert die Vierheit der Sonne zwei männliche und zwei weibliche Paare – ein geläufiges Sinnbild der vier Elemente: Die Erde gilt als weiblich, das Feuer als männlich, die Luft als männlich und das Wasser als weiblich. Die Linie, durch welche die Sonnen in Pandaks Zeichnung miteinander verbunden sind, veranschaulicht das vereinigende Prinzip, das den schöpferischen Weg zwischen den zwei weiblichen Sonnen, dargestellt durch Schlangen und Wolken, bezeichnet.

Abb. 3: Pandaks Vision vom Kosmos. Bemerkenswert sind die fünf Ebenen des Weltalls, wie er sie gesehen hat.

Als nächstes kommt das Reich der Milchstraße, die von den Aborigines entweder als Wasserlauf betrachtet wird, in dem sich die Steine eines Bachbettes widerspiegeln, oder als Strom der Toten, wohin die Seelen der Menschen nach ihrem Tode zurückkehren. Die etwas nebelige Erscheinung der Milchstraße wird auch mit dem Rauch der Lagerfeuer in Verbindung gebracht. Dieses Bild entspricht der Glaubensvorstellung vieler Aborigines, die der Ansicht sind, daß die Milchstraße der verlassene Pfad der Sonne ist oder auch ein Weg, auf dem die »Götter« wandern. Diese elysäische Bedeutung, die auch in vielen Traditionen erkennbar ist, macht für alle den »Wohnort der Seligen« zu einem kraftvollen Symbol.

Im dritten Reich stellt Pandak die Mondphasen in Verbindung mit den Planeten (alle männlich) und dem Morgenstern mit ihren Kindern dar. In der traditionellen Astrologie wurden die Planeten fast immer anthropomorphisch, in männlicher Gestalt, betrachtet, während der Morgenstern (Venus) als eine Göttin gesehen wurde, die »aus dem Meer geboren wurde«. Ihr »fruchttragendes Wasser« steht im Einklang mit Pandaks Bild der Venus, die von ihren Kindern, den Früchten ihres Lebens, begleitet wird. Zusammen mit den Mondphasen (der Mond wird, wie bereits erwähnt, von den Aborigines eher als männlich betrachtet) und den männlichen Planeten, die mit dem Morgenstern verbunden sind, haben wir eine weitere Wiedergabe des Einheit-Dualität-Prinzips, wie es auch auf der obersten Himmelsebene durch die vier Sonnen versinnbildlicht wird. Erst auf dieser dritten Ebene kommen die zyklischen Zeitelemente in Form der Mondphasen und Planeten, die traditionsgemäß als »Maß der Zeit« gelten, hinzu.

Wir haben bisher den Übergang von der ersten zur dritten Ebene gesehen, es handelt sich um eine fortschreitende Entwicklung durch die Himmelsregionen. Von einem Punkt absoluter Einheit – dem Ausdruck des göttlichen Prinzips – geht es in Richtung zunehmender Mannigfaltigkeit, versinnbildlicht durch den Strom der Seelen, Geburt und Tod eingeschlossen, und der zyklischen Zeitbewegung, die zur Manifestation gehört. Das Zusammenwirken der schlangenhaften und wolkigen Natur der beiden weiblichen Sonnen und der ausstrahlenden Energie der männlichen Sonnen führt zu einer zunehmenden Materialisation spiritueller Prinzipien in der Welt. Dies zeigt sich in Pandaks Zeichnung in seiner Entdeckungsreise durch die vierte Weltregion, die er mit Bäumen, Vegetation und Hügeln zeigt. Hier spiegelt sich das Reich der Materie wider – das Leben, der reine Akt der Manifestation an sich –, die Welt der Menschen und Tiere. Hier herrschen die Gesetze der Bedingtheit. Pandak vollendete seine Vorstellung über den Ursprung und die Entwicklung des Universums mit der fünften Ebene, die sich auf die Unterwelt bezieht, wo bisher unbeachtete Lebensformen auf ihre Gelegenheit warten, mit den männlichen Sternen der Nacht aufzusteigen, während sie »die Welt umkehren«. Dies ist also die komplexe Beschreibung der Weltentstehung, wie Pandak sie sah. Seine Zeichnung könnte natürlich archaisch genannt werden – ein Ergebnis einer märchenhaften Weltvorstellung. Ähnlich wie beim alten ptolemäischen System erscheint die Welt hier als Mittelpunkt des Systems, sie ist keine Randerscheinung um die Sonne.

Die Zuordnung geschlechtlicher Merkmale zu den Sternen und Planeten scheint uns das Universum nicht gerade verständlicher zu machen. Doch Pandak würde sagen, er habe hier ein metaphysisches Modell der Himmelsregionen ausgekundschaftet. Das Wesentliche liegt jedoch in seinen Versuch, darzustellen, auf welche Weise sich der Mensch in eine größere Ordnung einfügt. Durch die Zuordnung des Menschen zur vierten Ebene verwies er ihn auf den richtigen Platz in der Hierarchie – diese Zuordnung galt zumindest bis in die Zeit der Renaissance, nach der der Mensch plötzlich begann, sich selbst als Zentrum des Universums zu betrachten. Jedenfalls ist in seiner Darstellung – unter der Ägide der Zeitzyklen – das Paradox von Einheit und Dualität, wie es der Welt offenbar wurde, bestens integriert. Die männlich-weibliche Verknüpfung herrscht in diesem Denken vor, so wie spätere Generationen von Philosophen versuchten, die Lehre von den Gegensätzen zu definieren, wie zum Beispiel Plato in *Der Staat*.

Pandaks Zeichnung reflektiert – in bezug auf den Traum – eine höhere Ordnung der Wirklichkeit, wie es viele Mythen über die Himmelshelden schildern. Man könnte sich darüber streiten, ob er versucht hat, den Traum kürzer und bündiger zu definieren, als seine Vorfahren es vielleicht getan hätten. Dennoch sind die mystischen Elemente alle nach wie vor enthalten. Getrennte Ordnungen der Existenz, die stufenweise Bewegung in Richtung Manifestation, die Bedeutung der formlosen Materie und der himmlischen Hierarchien im Schema der Dinge – all das ist gegenwärtig in den Formen, mit denen die Aborigines vertraut sind. Ich selbst habe im Kontakt mit Aborigines gehört, daß sie lieber auf mythische Interpretationen verzichten, um mehr die symbolische Essenz herauszuheben. Sie sind sich mehr als die meisten Menschen der Bedeutung esoterischer Analysen in einer Geschichte bewußt. Doch einem Uneingeweihten oder Fremden gegenüber enthüllen sie natürlich nur die exoterischen Aspekte eines Mythos. Die esoterischen Informationen behalten sie dagegen größtenteils für sich.

Übernatürliche Fähigkeiten und der Schlangen-Mythos

Im Rahmen dieses Schemas blieb das Bild der Schlange jedenfalls erhalten. Die Regenbogenschlange ist das Prinzip der Manifestation, das durch den Kontakt mit der Ersten Ursache der Welt zur Wirkung gelangt. Die Persona, die dieser Ersten Ursache zugeschrieben wird, bleibt dabei unklar, schemenhaft und unbefriedigend erklärt. Sie trägt Namen wie *Baiame* im Osten, *Ungud* im Nordwesten, *Mangela* im Westen oder *Pundjel* im Süden. Die Präsenz dieser Ersten Ursache kann olympisch genannt werden – entfernt von den Aktivitäten der Manifestation und dennoch darin eingebunden. Woodley King, ein Älterer der Indjabinda-Aborigines in der Pilbara-Region, teilte mir mit, *Mangela* sei »der Erste Mann« gewesen, der auf die Erde kam. Er erschien nur flüchtig, wie bei einem kurzen Besuch. Laut Überlieferung ist der Platz, wo er zur Erde herabkam, ein Erdhügel, der den Indjabinda heilig ist und den sie Kumana Kira nennen. Woodley zufolge war es jedoch nicht *Mangela*, der die Welt erschuf, sondern die Regenbogenschlange, wenn auch *Mangela* die initiierende Kraft war. Dies wäre eine Übereinstimmung mit gnostischen Vorstellungen, wonach sich die Schlange in der Mitte zwischen »All-Vater« und Materie bewegt. *Mangela* ist daher der schöpferische Urgrund der Weltengeburt, doch nicht jener, der die Schöpfung ausführte.

Die Regenbogenschlange scheint damit offensichtlich die aktive Kraft bei der Erschaffung der Welt zu sein. Doch ist sie nicht die einzige Urheberin, wie es die Gegenwart unzähliger Himmelshelden, welche für die Formation der Stämme des Landes verantwortlich sind, bestätigt. Aber in fast allen Mythen erscheint die Regenbogenschlange als die einzige Kraft, die Flüsse, Wasserlöcher oder Regen erzeugt hat. Sie ist die wirkende Kraft des Wassers, eine lebendige Kraft, die von allen Aborigines anerkannt wird, da sie für ihr Überleben von großer Bedeutung ist. Sie lebt nun in Wasserlöchern oder unter Wasserfällen – eine konstante Präsenz im Leben eines jeden, für Erwachsene wie für Kinder. Ihr Charakter ist äußerst ambivalent, wobei sie natürlich ihren mythischen Status beibehält. Als Weltenerzeugerin wird sie als positive Kraft im Leben der Menschen gesehen. Andererseits zeigt sie in männlicher Gestalt frauenfeindliche Seiten, wenn sie beispielsweise in einem Arnhemland-Mythos die Waugeluk-(Wawiak)-Schwestern, die Töchter von *Kunapipi (Gunabibi)*, der Großen Mutter der Fruchtbarkeit, angreift und verschlingt. Damit wird erklärt, daß die männliche Kraft, welche die Regenbogenschlange in dieser Geschichte verkörpert, die kreative Kraft *Kunapipis* benötigt – und ganz allgemein, daß der Mann der kreativen Kraft der Frau bedarf. Mit dem Verschlingen der beiden Töchter wird das eine Bedürfnis der Großen Schlange, diese beiden Kräfte in sich selbst zu bewahren, symbolisiert.

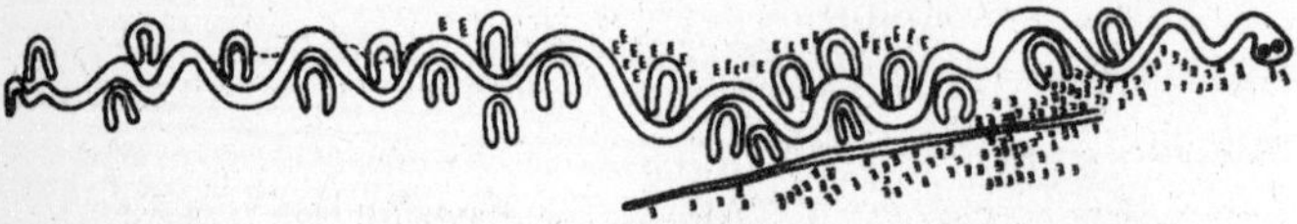

Abb. 4: Die Große Schlange *Jarapiri* (Jukuita-Höhle in der Tanami-Wüste).

Der Prozeß der Welterschaffung schließt – soweit die Regenbogenschlange daran Anteil hat – eine unentwegte Wanderung mit ein. Für Aborigine-Völker in der nördlichen und nordwestlichen Küstenzone und auch für solche, die noch in einiger Distanz von der Küste entfernt leben, kam die Große Schlange immer vom Meer her. Das mag ein Widerhall der ersten Ankömmlinge sein, die vor etwa 50 000 Jahren von Asien aus über das Große Wasser kamen. Unter den Namen *Bolan*, *Kunukban*, *Galaru* oder *Unjuat* erschien sie zur Zeit des Traums an den Ufern des Meeres. Weiter südlich jedoch, wie zum Beispiel in Winbaraku, wird über ihre Wanderung in umgekehrter Richtung berichtet. In diesem Fall ist es *Jarapiri*, die Große Schlange, die aus dem Berg aufsteigt und von dort aus ihre Reise in nördlicher Richtung antritt, um das Land zu erschaffen. Bei der Jukuita-Höhle, nahe Yuendumu in der

Tanami-Wüste, taucht sie an der Oberfläche auf, bevor sie ihren Weg Richtung Milingimbi, einem küstennahen Außenposten im Arnhemland, fortsetzt. Für viele Aborigines in Zentralaustralien mag sich diese Reise so darstellen – zumindest im metaphysischen Sinne – als würde die Schlange zu ihrem Ursprung zurückkehren.

Der *Kunukban*-Mythos gibt uns einen einzigartigen Bericht über die Wanderroute der Großen Schlange zur Zeit des Traums. *Kunukban* kam von Puruyu:nungu:kunian, einer Insel, die weit draußen in der Timor-See liegt, und erreichte die Küste bei Kunununju (heute Wyndam). Seine Absicht war es, *Ekarlarwan*, die unsichtbare Erste Ursache zu fangen, um ihr für die Menschen ihre Geheimnisse abzuringen. Diese Geheimnisse umfaßten das Gesetz, die Kultur, Rituale und Zeremonien – lauter »Zutaten«, die gebraucht werden, um das Leben der Menschen zu ordnen. Da *Ekarlarwan* jedoch nicht zu sehen war, jagte die Schlange statt dessen ihren Hund Djaringin. Dieser agierte jedoch als Köder, um *Kunukban* von *Ekarlarwan* wegzulocken. Um *Kunukban* absichtlich zu täuschen, machte der Hund über das ganze Territorium gewundene oder ineinander verschlungene Wege. Dadurch veranlaßte er *Kunukban*, während seiner Reise Landmarkierungen vorzunehmen oder Flüsse zu erschaffen. Seine Schöpfungsakte sind im ganzen Land in unzähligen Mythen und Geschichten festgehalten.

Schließlich gelang es *Kunukban* an einem Platz, der Wamburing Knob genannt wird und tief im Landesinneren liegt, *Ekarlarwan* zu stellen. Hier schlug *Kunukban* sein Lager auf und feierte seinen großen Erfolg in einer Zeremonie, denn es war ihm gelungen, *Ekarlarwans* Geheimnisse zu erringen. Diese Geheimnisse, die *Kunukban* den Menschen vermittelte, enthalten zum Teil umfangreiche esoterische Informationen, die seine weltenformende Reise betreffen. Von größerer Bedeutung aber ist, daß durch das Geschenk, welches den Menschen gegeben wurde, diese nicht nur Zugang zum »Großen Wissen« erhielten, sondern sie dadurch auch direkt mit *Ekarlarwan* sprechen konnten. Diese direkte Rede-Rückverbindung wird durch das Geräusch symbolisiert, welches das Schwirrholz erzeugt, wenn es während wichtiger Zeremonien kreisartig herumgewirbelt wird. Zum ersten Mal war es nun den Menschen möglich, in einen direkten Dialog mit *Ekarlarwan* zu treten. Dies hatte es vor der Vermittlung durch die Große Schlange noch nie gegeben. *Kunukban* setzte dann seinen Weg fort, reiste tiefer in das Landesinnere hinein, verbreitete das Gesetz und schuf weitere Landformationen.

Ekarlarwan, die Erste Ursache bzw. der Weltenschöpfer, war natürlich verärgert, da er die Vorstellung gar nicht mochte, daß aus seinen Geheimnissen nun ein allgemein zugängliches Wissen geworden war. Deshalb sandte er Jolpol, die Bachstelze, als Boten aus, um von *Kunukban* die Geheimnisse zurückzuerobern. Jolpol holte *Kunukban* an einem Ort ein, der Parndukarni heißt. Hier gab die Bachstelze vor, um die Große Schlange zu werben. Sie verwirrte *Kunukbans* Geschlecht durch süßes Gerede. *Kunukban* vergaß alle Vorsicht und unterlag der sirenenartigen Verführung. Die Schlange gewährte Jolpol, seinen Kopf dem Lagerfeuer zu nähern, wobei der Vogel versuchte, die Schlange zu töten. Da wurde Jolpol vom Sturmvogel, dem schwarzen Kuckuck Kurukura, dem Beschützer der Großen Schlange, welchen die Bachstelze nicht kannte, attackiert und vertrieben. Letztlich waren jedoch alle Beteiligten Verlierer. Keiner von ihnen kam ungeschoren davon. Der Kuckuck erlitt am ganzen Körper Verbrennungen, Jolpol trug teilweise Brandverletzungen davon, und *Kunukban* hatte Verbrennungen am Kopf. Deshalb ist Kurukura, der Kuckuck, heute schwarz, die Bachstelze ist schwarz und weiß, und die harmlose schwarzköpfige Python hat – wie ihr Name bereits andeutet – einen schwarzen Kopf. Sie alle sind Opfer eines heldenhaften Kampfes um die Erlangung spiritueller Informationen, die, wie es heißt, ursprünglich *Ekarlarwan*, dem Urschöpfer allen Lebens, allein gehörten.

Kunukban reiste gemeinsam mit seinem treuen Begleiter Kurukura weiter und enthüllte den Menschen im ganzen Land das Gesetz. Und während sie weiter landeinwärts wanderten, schufen sie weitere auffällige Merkmale auf ihrem Weg. Dann kam ihr letzter gemeinsamer Lagerplatz, wo sie sich verabschiedeten, bevor jeder seine Reise in eine andere Richtung fortsetzte. Kurukura flog Richtung Tennant Creek, wo der Kuckuck seine feste Lagerstatt an der Djun-gurra-gurro-Quelle einrichtete. Die Große Schlange dagegen wanderte geradeaus zur Beetaloo-Lagune am Newcastle Creek, wo sie in die Erde einging und nicht mehr auftauchte. Aber es heißt, sie habe im Untergrund ihre Reise fortgesetzt, um auf der anderen Seite, weiter östlich im Meer – wobei der Golf von Carpentaria gemeint ist – wieder hervorzukommen.

Die weltenerzeugende Reise von *Kunukban* ist typisch für die Mythen über die Große Schlange im Norden Australiens. Zwar können Details variieren, Fluß-Systeme sich ändern und dramatische Umstände den lokalen Bedingungen angepaßt sein – die Essenz bleibt stets gleich. Da gibt es den unsichtbaren Weltenherrscher, das schöpferische Prinzip – in diesem Fall war es *Ekarlarwan*; und sein Begleiter, in Gestalt eines wilden Hundes, tritt als Verführer oder Narr auf. Der Dingo tut alles, damit sich der Schleier nicht lüftet, hinter dem der Große Schöpfer das Große Wissen lieber für sich bewahrt. Und die Aufgabe der Großen Schlange ist es, sich immerwährend zwischen dem »väterlichen Schöpfer« und der geschaffenen Materie hin und her zu bewegen, ein beständiger Versuch, dem »Urgrund der Welt« die »Zutaten« zur Manifestation – die Gesetze der Natur, der Menschen und aller Lebewesen – abzuringen. Die Große Schlange, die in dieser Geschichte eine männliche Form annimmt, wird von einem weiblichen Prinzip beschützt, in diesem Fall von der schwarzen Kuckuck-Dame. Diese beiden vereint, lassen aus der Dualität eine Einheit entstehen und sind dadurch fähig, die Geheimnisse, welche sie dem Urschöpfer entlockt hatten, in sich zu bewahren. Nicht einmal Jolpol, der Bachstelze, die zu allen Täuschungen fähig ist und alle Register der Schlauheit zieht, gelingt es, zurückzuerobern, was bereits »in der Welt« ist.

Dies sind die permanenten Auseinandersetzungen hinter dem Akt der Schöpfung. Man findet sie in der westlichen Philosophie genauso wie bei den Naturvölkern. Der Unterschied ist allerdings, daß sie von Aborigines nicht zu rein rationalen Konzepten reduziert wurden. Statt dessen blieben die ursprünglichen Bedingungen und Formen in lebendigen Mythen

Abb. 5: Die drei Tiercharaktere der *Kunukban*-Legende. Der schwarze Kopf der Schlange und die Schwarz-Färbung der anderen beiden Tiere werden mit den jeweiligen Verbrennungsgraden erklärt, die sich jedes der Tiere beim Kampf am Lagerfeuer zuzog. (Nach W. Arndt, in *The Dreaming of Kunukban*)
Die Figuren der Feuer-Episode:
A Das Opfer: Schwarzköpfige Python
B Der Bösewicht: Schwarzkehlige Bachstelze
C Der Held: Schwarzer Kuckuck, auch bekannt als Koel oder Sturmvogel

erhalten. Diese Mythen sind noch so frisch und lebendig, daß die Aborigines noch immer ihre Kraft daraus beziehen.

So wurde beispielsweise berichtet, wie ein älterer Wardaman-Aborigine weinte, als er eine tote Schwarzkopf-Python auf der Straße entdeckte, denn diese Schlange repräsentierte für ihn nach wie vor die Gegenwart *Kunukbans*. Im Tod der Schlange sah der Wardaman in gewisser Weise eine Bedrohung für den Fortbestand der Großen Schlange. Was aber vor allem dieses Ereignis so ungewöhnlich macht, ist, daß der Wardaman die tote Schlange am Boden mit einer metaphysischen Ordnung in Verbindung brachte. Es ist klar, daß die Schwarzkopf-Python, die Bachstelze und der schwarze Kukkuck – und nicht zu vergessen, der trickreiche Dingo – ihre physische Existenz übersteigen und an dramatischen Ereignissen in der Traumzeit teilhaben, sobald ein Aborigine ihren Weg kreuzt. Die große Nähe der Mythen und Himmelshelden in Form ihrer totemistischen Entsprechung machen ganz offensichtlich das Seelenleben der Ureinwohner zu einem solch lebendigen Erlebnis.

Einem anderen Bericht zufolge ist die Regenbogenschlange die elementare Quelle jener Kraft, die einen *Megikar*, einen Schamanen, auszeichnet. Ein *Megikar* wird durch einen höchst qualifizierten und praktizierenden Schamanen »gemacht«. Dieser nimmt den Bewerber hoch hinauf in »himmlische« Regionen, indem er ihn in ein Skelett verwandelt, das er in seine Tasche steckt. Der »Aufstieg« erfolgt, indem sich der Schamane selbst, Armlänge um Armlänge, entlang des aufgerichteten Körpers der Regenbogenschlange hochzieht, bis er den »Himmel« erreicht hat. Hier macht er den »Toten« wieder lebendig, indem er ihm Quarzkristalle, die *Ungur* genannt werden, einsetzt. *Ungur* ist auch ein Name, mit dem die Regenbogenschlange bezeichnet wird, denn die Formen der Kristalle symbolisieren die Große Schlange, die der *Megikar*-Anwärter in diesem Akt – sozusagen als »Göttlichen Funken« – empfängt. Durch diese Handlung erhält der neu gewordene *Megikar* direkten Zugang zum Traum, aus dem er schließlich auch seine Kraft erhält.

Aus dem bisher dargelegten Material wird es ziemlich deutlich, welch hohen Rang die Regenbogenschlange als spirituelles Wesen bei den Aborigine-Völkern einnimmt. Sie verkörpert das Prinzip der Manifestation und die damit verbundenen Gesetze. Die Tatsache, daß Aborigines durch die Aktivität der Regenbogenschlange in dieser Welt ihre eigenen Gesetze empfangen, macht den Übergang von der nicht manifestierten zur manifestierten Welt offensichtlich. Genaugenommen muß das »Gesetz« vom Urschöpfer geschöpft werden, damit aus der ursprünglichen Einheit in allen Formen des Lebens materielle Vielfältigkeit entstehen kann. Der Kampf zwischen den beiden Begleitern Jolpol und Kurukura in der Umgebung des uranfänglichen Feuers verursachte zwar körperliche Entstellungen, doch blieb ihnen dadurch für alle Zeit ihre lebendige Identität in den Gestalten der Bachstelze und des schwarzen Kuckucks bewahrt. Es wird hier sichtbar, wie eine komplexe, metaphysische Idee in eine greifbarere Form gekleidet wird, um dem Mythos eine menschliche Dimension zu geben, die verstanden werden kann.

Ungeklärte Fragen lösen sich erst auf, wenn Mythen die Fragen des Lebens enträtseln.

Die Regenbogenschlange ist Ausdruck der Weltentstehung. Ihre Herkunft von einer unbekannten Quelle, die tief im Ozean verborgen ist, läßt uns ahnen, daß sie bereits voll Wissen war, als sie die Küsten Australiens erreichte. Das erklärt ihre Fähigkeit, für sich selbst und auch für die Menschen »Gewinne« herauszuholen, die der All-Vater nur widerstrebend hergibt. Die Spannung, die zwischen der Großen Schlange und dem Urschöpfer existiert, ist eine Notwendigkeit. Es ist eine

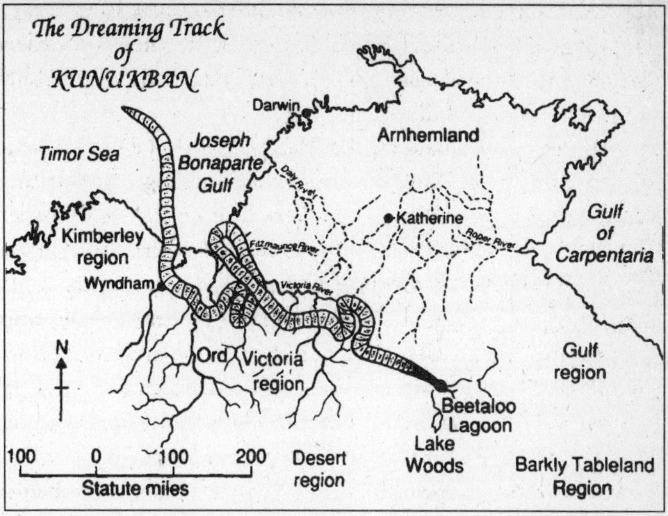

Abb. 6: Eine Karte des Nordwestens von Australien zeigt die Ord- und Victoria-Fluß-Systeme (starke Linien) in Beziehung zu anderen Flußsystemen (Strichlinien) und den Weg, bzw. Traumpfad, dem *Kunukban* von der Timor-See zum westlichen Rande des Barkly-Hochlandes folgte. *(Nach W. Arndt in The Dreaming of Kunukban)*

positive Spannung, die sicherstellt, daß mit der heldenhaften Konfrontation die Aktivitäten, welche von den Himmelshelden erwartet werden, im Gange bleiben. Das Zusammentreffen ihrer kreativen Kräfte während der Traumzeit gilt für die Aborigines als Uranfang der Weltenschöpfung. Und seitdem *Ekarlarwan* zu entkommen versucht, bewegt sich *Kunukban* für immer vorwärts, wobei er nach und nach Landschaften formt, wo immer er auch entlangwandert.

Auch wenn der Traum »damals« geschah, seine Bedeutung hat »jetzt« Gültigkeit. Niemand steht außerhalb des Traums und der ihn begleitenden Ereignisse, denn sonst würde er »der Welt verlorengehen«. Mit anderen Worten, er würde gar nicht existieren. Das Stammesgesetz zu brechen, würde dazu führen, von der Welt ausgeschlossen zu werden. Das ist gewiß ein Schicksal, das niemand sucht oder wünscht. In einer »Knochenzeige-Zeremonie« verdammt zu werden, weil man gegen das Gesetz verstoßen hat, kann schlimmer sein als ein schneller Tod, da diese Zeremonie einen psychischen Zusammenbruch und ein darauffolgendes langsames Dahinsterben bewirkt. Jemand, der rituell und zeremoniell vom Traum ausgeschlossen wird, verliert seine eigene spirituelle Zugehörigkeit. Und damit wird er »ein Toter« in dieser Welt.

Die Große Schlange ist die mächtigste Erscheinungsform im Traum-Pantheon, das auch eine Reihe untergeordneter Himmelshelden mit eigenen hilfreichen Aufgaben aufweist. Sie alle sind ein Teil der Aborigine-Mythologie und weisen auf die nuancenreichen Bedeutungen hin, die dem Versuch innewohnen, den Ursprung der Welt zu erklären. Er ist die Mythologie, die das Leben der Aborigines im ganzen Land durchdringt und jedes Wasserloch, jeden Fluß zu einem Widerhall der immer gegenwärtigen Traumzeit macht. Es ist nicht möglich, in die entlegenen Regionen Australiens zu reisen, ohne nicht mit dem *Djang*, der außergewöhnlichen Kraft der Regenbogenschlange, in Kontakt zu kommen. Jedes Volk hat eine Sammlung von Geschichten, die sich auf die Erscheinungsformen der Regenbogenschlange in ihrem Land beziehen. Auch viele andere Helden tragen die träumende Gegenwart der Großen Schlange an ihren Plätzen und Felswänden in sich, wodurch sie ihre zeitlose Erscheinung in der Welt kundtun. Auch die Lieder der Aborigines erzählen von den Heldentaten der Regenbogenschlange, die an ihren ursprünglichen Glanz erinnern, den die Aborigines in sich bewahren – aus einer Zeit, »als die Welt jung war«.

3.
Totemistische Identität

Nichts hebt besser die Verbindung der Aborigines mit ihrem Traum hervor, als ihre totemistische Identität, denn dies ist der Akt der Identifizierung mit etwas anderem als nur mit sich selbst. Das gibt dem Mitglied einer Aborigine-Gruppe die Gelegenheit, die alltägliche Wirklichkeit zu übersteigen. Sein Totem ist gleichzeitig sein wandelbares Ich und ein metaphysisches Wahrzeichen, das ihm während seines Lebens Orientierungshilfen verleiht. Nach Stanner ist ein Totem »ein Zeichen der Einigkeit zwischen Dingen und Personen, die mit etwas anderem eine Union bilden«. Wer keinen Doppelgänger oder Schatten hat, ist zu einer unbedeutenden Existenz verurteilt, die eher vom Augenblick beherrscht wird als von glaubhaften mystischen Ereignissen, die, wie es heißt, während der Traumzeit passiert sind. Es ist diese Notwendigkeit, mit dem Traum durch ein Totem verbunden zu sein, die das Leben akzeptabel und ertragbar macht – im sozialen wie auch im spirituellen Sinne.

Jede Person einer Aborigine-Volksgruppe wird in ein Totem »hineingeboren«. Das heißt, er oder sie gehört einer Gemeinschaft an, in der alle Mitglieder den Namen eines bestimmten natürlichen Objektes tragen. Dieses Objekt ist gewöhnlich ein Tier oder eine Pflanze, aber es kann auch ein natürliches Phänomen sein wie das Wasser, die Sonne, Wolken oder der Wind. Kein Aspekt der materiellen Existenz steht außerhalb des Totems. Alle Kreaturen in seinem Umkreis sind in seinen

Herrschaftsbereich miteinbezogen, wo es sich mit einem Mann oder einer Frau verbindet, um deren Persönlichkeit zu vervollständigen. Die Existenz des Totems zu leugnen, würde zu einem Verlust der persönlichen Identität führen, was das Leben unerträglich machen würde. Um sein Totem Bescheid zu wissen und es zu respektieren, stellt sicher, daß die soziale Identität eines Individuums bewahrt bleibt. Einem Opossum- oder Emu-Totem beispielsweise anzugehören, bedeutet für ein Individuum eine lebenslängliche gesellschaftliche Verpflichtung, die sich weit über seine unmittelbare Familie hinaus erstreckt. Im Gegenzug garantiert dies dem einzelnen inneren Zusammenhang und Harmonie in der Gemeinschaft.

In einer Aborigine-Gruppe betrachten sich alle Männer und Frauen als zusammengehörig. Aber jede Lebensgemeinschaft ist wieder in »Klassen« unterteilt. Die Mitglieder jeder Klasse sind jeweils durch ein bestimmtes Totem miteinander verbunden. Die Urbunna-Aborigines im Süden Australiens kennen beispielsweise zwei Klassen, die Matthurie und Kirarawa genannt werden. Jede dieser beiden Gruppen besitzt sechs Totems (Thunthunie), die alle verschieden sind. In der Matthurie-Klasse gibt es folgende Totems: Inyarrie (Wildente), Wutnimmera (Grüne Zikade), Matla (Dingo), Waragutie (Emu), Kalathura (Wilder Truthahn) und Guti (Schwarzer Schwan). Dagegen finden wir in der Kirarawa-Gruppe diese Totems: Kurara (Wolke), Wamba (Teppichschlange), Kapirie (Eidechse), Urantha (Pelikan), Kutnichilie (Wasserhuhn) und Wakalia (Krähe).

Niemand darf aus seiner eigenen Klasse einen Ehepartner nehmen. So kann ein Matthurie-Mann nur eine Kirarawa-Frau heiraten. Eine weitere Einschränkung gibt es durch die »richtige totemistische Heirat«. Ein Dingo-Mann kann eine Wasserhuhn-Frau nehmen, ein Zikaden-Mitglied eine Krähe, ein Wilder Truthahn eine Wolke, ein Schwan einen Pelikan usw. Diese einschränkenden Regeln wurden offensichtlich eingeführt, um Degenerationserscheinungen durch Inzest zu vermeiden. Aber diese Restriktionen haben noch einen anderen Sinn. Sie stellen sicher, daß solch partnerschaftliche Verhältnisse einander ausgleichen.

Hier begegnen wir einer einzigartigen Identifikation des Menschen mit seiner Entsprechung in der Natur. Unter den Nunger-Aborigines im Südwesten von Australien gibt es zwei Klassen: die Maarnetj-Maat (langschnabeligen Kakadus) und die Waardarng-Maat (Raben). Diese beiden Klassen spiegeln für die Nunger-Mitglieder eine bestimmte Beschaffenheit oder ein Temperament wider. Ein langschnabeliger Kakadu wird als Maarnetj, als Sammler, betrachtet, da er die Neigung hat, Futter anzuhäufen, und der Rabe gilt als Waardarng, als Wächter, da er Beobachtungsgaben hat. Ein Mensch nimmt daher eine solche Charakteristik an, sobald er in seine Klasse und sein Totem hineingeboren wird. Daraus ergibt sich, daß ein Sammler oder aktiver Mann eine Wächterin oder passive Frau heiratet und umgekehrt: Eine aktive Frau muß einen passiven Mann heiraten. Eine weitere Modifizierung der Temperamente sind die Beifügungen »warmer« Sammler oder »kalter« Wächter. Die Aborigines bezeichnen diese gegensätzlichen Temperamente demgemäß als klug oder töricht.

Diese beiden Gegensätze werden in der Kimberley-Region treffend durch das Temperament von zwei Laufvögeln beschrieben: dem Brolga und der Trappe. Der Brolga wird als »besser, eleganter und klüger« als die Trappe bezeichnet. Von dieser wieder heißt es, sie sei »dumm, einfallslos, stur, unkontrolliert und sogar leichtsinnig«. Die Trappe muß stets vom Brolga für ihre Missetaten zurechtgewiesen werden. Solche Charakterisierungen bleiben unveränderlich unter den totemistischen Partnern. Trappen-Männer und -Frauen neigen zur Plumpheit, während Brolga-Männer und -Frauen geschmeidige, gelenkige Figuren besitzen. Bezeichnend ist, daß nur unter den größeren Tieren wie den Känguruhs und Dingos die gegenteiligen Temperamente mit dem Geschlecht der gleichen Art übereinstimmen. Ein männliches und weibliches Känguruh stehen also einander als aktiv und passiv gegenüber. Das gleiche gilt auch für den Dingo.

Solch polare Paarungen – auch wenn sie in der Natur so nicht vorkommen – repräsentieren eine signifikante symbolische Ausbalancierung innerhalb der ökologischen Ordnung. Tiere und Vögel stehen einander gegenüber, um eine wahrnehmbare Harmonie durch Neutralisierung der gegensätzlichen Temperamente zu bewirken. So gleichen auch Männer und Frauen ihre eigenen Temperamente durch die totemistische Identifikation und eine entsprechende erlaubte totemistische Heirat aus. Dies gewährt innerhalb des Stammes soziale Harmonie, was wiederum langanhaltende Stabilität garantiert. Die Vermenschlichung von Charakteristiken der Natur erzeugt ein »Echo« innerhalb zwischenmenschlicher Beziehungen. Auf diese Weise zeigt die totemistische Identität eine Ausdehnung in die Welt der Vögel und Tiere an, um das Verhältnis zwischen Natur und Mensch klarzustellen.

Solche Temperament-Parallelen erstrecken sich auf die Zusammensetzung symbolischer Farben, die bei Körpermalereien anläßlich wichtiger Stammeszeremonien verwendet werden. Allerdings gelten diese Systeme nicht für ganz Australien. Innerhalb eines Territoriums sind sie jedoch gleichbleibend. Die »warmen und aktiven« Brolga-Männer identifizieren sich mit den Farben Gelb und Weiß. Die Farben der »warmen und aktiven« langschnabeligen Kakadu-Menschen und der »kalten und passiven« Raben-Menschen passen zueinander. Gehört ein Mann der langschnabeligen Kakadu-Klasse an, wird er als »warm und aktiv« bezeichnet. Er hat das Recht, die Farben Rot und Weiß bei seinen Dekorationen zu verwenden.

Dagegen ist sein Raben-Gegenüber berechtigt, die Farben Schwarz und Gelb in seinen Dekorationen zu gebrauchen. Die Farben Schwarz und Gelb kennzeichnen also beim Raben die langsamen, passiven Wächter-Eigenschaften, während Rot und Weiß den schnellen, aktiven Sammler charakterisierten.

Das Farbsystem führt auch zur Beschreibung des Mannes. Von einem langschnabeligen Kakadu heißt es, er sei gutaussehend und habe eine hellere Hautfarbe. Man sagt zum Beispiel über ihn, daß er »klar wie Wasser, süß, rein« oder »ausdrucksvoll, gutgebaut mit langen Waden und schmalen Fußgelenken« sei – jeweils seinem persönlichen Totem entsprechend. Dagegen kann ein Mann der Raben-Klasse als »stämmig, kräftig, schwerfällig, dunkelhäutig« bezeichnet werden. Seine persönliche Klassifizierung hängt allem Anschein nach in erster Linie mit seiner Klassenzuordnung zusammen, die auch mit seiner Hautfarbe und anderen äußeren Kennzeichen übereinstimmt. Weitere persönliche Charakterisierungen hängen dann mit seinem persönlichen Totem zusammen, das die Person zum Beispiel als »warm und langsam«, oder »kalt und schnell« beschreibt. Die komplexe persönliche Charakterisierung wird einfach durch die Mitgliedschaft in einem Kollektiv wie auch durch die individuelle totemistische Identität zum Ausdruck gebracht. Die symbolische Identifizierung mit der Natur kann alle möglichen Variationen menschlicher Eigenschaften enthalten.

Das setzt allerdings voraus, daß es in diesem System eine moralische Ordnung gibt. Oberflächlich betrachtet, erscheint der Kontrast zwischen »hell und dunkel« als eine abwertende Form der Auseinandersetzung von »gut und böse«, wie es oft in einfachen Geschichten, wie zum Beispiel jener über den Kampf zwischen dem Adler und der Krähe, auftaucht. Vertieft man sich jedoch in diese Geschichten, verweist ein solcher Kampf nicht nur auf die verschiedenen Migrations-Wege der

Vögel, vielmehr befaßt sich diese Beschreibung auch mit dem qualitativen Unterschied der zwei Vogelarten. Vom Adler heißt es, er sei »der erste von allen, der Anführer« oder »der Vater von allen«. In diesem Sinne übersteigt er seine Klasse, wenn er zum Beispiel eine Malee-Huhn-Frau heiratet, die eigentlich für ihn tabu ist. Aber ein Anführer muß sich nicht mit »richtig oder falsch« auseinandersetzen, da die Schöpfung frei von moralischen Werten ist. Im Mythos macht der Adler, was er will. Doch was hier zum Vorschein kommt – wenn auch in einer verschleierten Art –, ist eine Form ökologischer Klassifikation, die die gesamte Natur in ein übergeordnetes Muster miteinbezieht. Diese ökologische Klassifizierung mag zu weiteren Ermittlungen führen, um herauszufinden, ob es eine »Paarung« in der Natur gibt, deren Plan es ist, zwischen den verschiedenen Arten Gleichgewicht und Harmonie zu bewahren. Wenn dem so ist, dann stellen uns die Begriffe der Aborigines ein bedeutendes neues System der Differenzierung zur Verfügung, das zum Schutze unserer Umwelt angewendet werden kann.

Der wichtigste Aspekt dieses Unterscheidungssystems liegt jedoch in seinen Realien zum sozialen und spirituellen Leben der Aborigines. Egal, ob eine Person hell oder dunkel, schnell oder langsam, klug oder einfältig beschrieben wird – damit ist keine moralische Wertung verbunden. Es ist einfach eine Methode, die Angelegenheiten der Menschen durch ihre totemistische Identifikation zu ordnen. Daß dadurch Rivalitäten auf einer mehr weltlichen Ebene entstehen können, liegt allein in der Natur des Menschen. Rivalität – egal, ob aus intellektuellen, religiösen, nationalen oder engherzigen Beweggründen – führt zu einer Verschlechterung der menschlichen Zustände, so wie eine »falsche Ehe« zwischen zwei langschnabeligen Kakadus oder zwei Mitgliedern derselben Totem-Gruppe. Die totemistische Identität der Aborigines, die in kleinen Gruppen

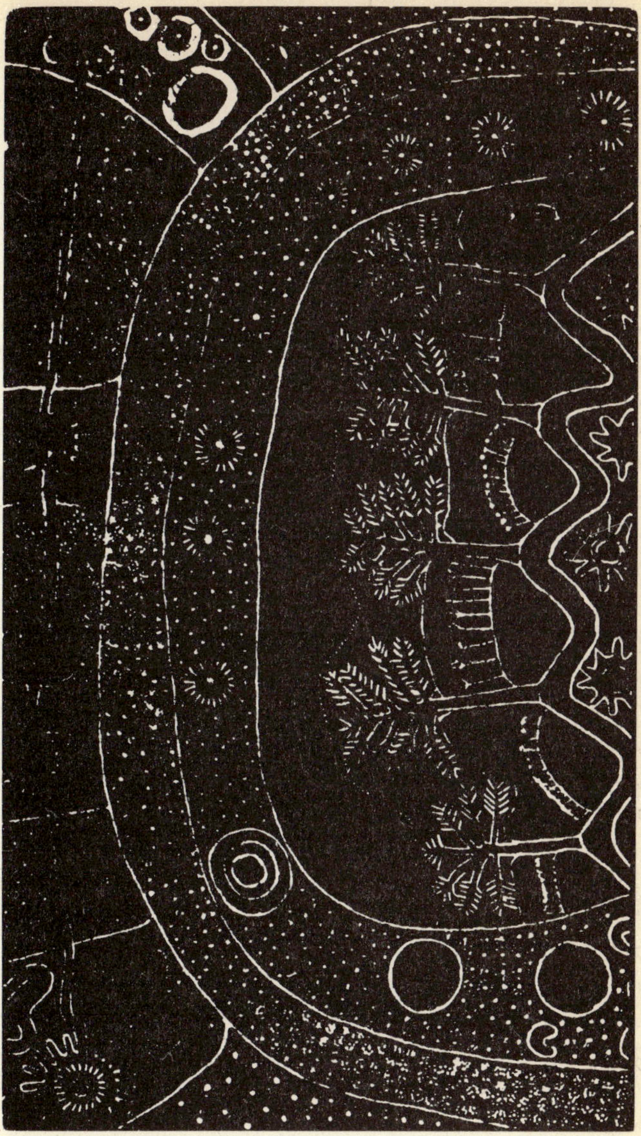

leben, schützt diese nicht nur vor Inzucht, sondern auch vor dem Bestreben, sich aufgrund bestimmter persönlicher Qualitäten über andere zu erheben. Auf diese Weise bleiben alle menschlichen Temperamente lebendig, wobei sie einander geschmeidig, in Übereinstimmung ihrer Klassenzugehörigkeit und totemistischer Heirat, ausgleichen.

Der Ursprung der totemistischen Identität liegt in der Schöpfungsauffassung der Aborigines. Aus ihrer Sicht entstanden die Menschen in ferner Vergangenheit *(Alcheringa)* als Lebewesen folgendermaßen: Zwei *Numbakulla*-Wesenheiten, die jede für sich selbst zu existieren vermochten, bemerkten am östlichen Horizont eine Anzahl von *Inapertwa*, elementare, rudimentäre Wesen, die weder Gliedmaßen noch Empfindungen hatten und auch nicht fähig waren, zu essen. Wenn auch nur vage, so vergegenwärtigten diese Wesen dennoch eine menschliche Erscheinung. In gewissem Sinne stellten diese *Inapertwa* eine Übergangsform von Tieren und Pflanzen dar, die sich in Menschen verwandelten. Eine solche unförmige Gestalt, die nicht mehr zu sein scheint als ein kleiner Kieselstein unter vielen anderen, nennen die Arunta in Zentralaustralien *Kuruna*, ein Begriff, der die Präexistenz des Menschen meint. Nachdem die *Numbakulla* ihre Transformation beendet hatten und sie mit Dualität in Form eines sexuellen Wesens ausgestattet waren, behielten sie ihre Qualitäten aus ihrer früheren Existenz bei. Das heißt, das jeder Mann und jede Frau innerlich mit seiner präexistenten Form – egal ob es sich um ein Tier, eine Pflanze oder ein Naturphänomen gehandelt haben mag – weiterhin verbunden bleibt. Auch in der Gegenwart kann daher niemand sein Totem ablegen. Dies käme einer Verleugnung dessen gleich, was eine Person zur Zeit des Traums selbst gewesen war.

In diesem Punkt wird die totemistische Identität sehr komplex. Ein Mensch ist zwar er selbst, aber gleichzeitig ist er auch ein Teil jener früheren Übergangsform. Das Totem wird zum Spiegel, in dem er sich selbst in seiner einheitlichen Form vor seiner Materialisation widerspiegelt. Das heißt, in die totemistische Idee ist das uranfängliche Zusammentreffen des nicht manifestierten Prinzips mit dem Bereich der Manifestation als Dualität eingebettet. Jemand wird nur ein Mensch in dem Augenblick, da er sich von seinem idealen Einheitszustand, in dem er sich in der Traumzeit befand, losgelöst hat und die Hülle aufnimmt, von der seine menschliche Existenz abhängig geworden ist. In das totemistische Identitäts-Konzept ist die Beziehung zwischen der menschlichen Übergangsform, die unbelastet ist mit Selbst-Bewußtsein, und der Welt, die abhängig ist von Sterblichkeit und Veränderung, miteinbegriffen. Das Totem ist eine Art Faden, das dem Menschen die Möglichkeit gibt, seinen Weg zurück zu seiner vor-bewußten Traumexistenz zu finden. Damit ist er immer mit seinem eigenen Ursprung verbunden – gleichzeitig als spirituelles Wesen und als eine Manifestation der Natur.

Daraus ergibt sich, daß ein in sein Totem »hineingeborener« Mensch – zumindest vor seiner physischen Geburt – ein *Inapertwa* oder ein Embryo eines heldenhaften Vorfahren ist. Die totemistische Identität kommt jedenfalls nicht durch den Beitrag eines leiblichen Elternteils zustande. Wie bereits erwähnt, ist für die Aborigines die Empfängnis in erster Linie ein spirituelles, nicht ein biologisches Geschehen. Ihr Interesse gilt mehr dem Geist-Kind, das in die Mutter eintritt –, ein Geschehen, das als »Akt der Gnade« zu verstehen ist. Man kommt nicht darum herum – aus einiger Distanz –, darin das archetypische »Echo« der »unbefleckten Empfängnis« der katholischen Glaubensvorstellung zu erkennen. So mag in einem gewissen Sinne jede Aborigine-Frau als »Jungfrau« gesehen werden, wenn es um die Empfängnis einer *Kuruna* in einem totemistischen Umfeld geht. Egal, wie viele sexuelle Begegnungen die Frau auch hatte (sie beginnen manchmal in einem Alter von 9 Jahren) – der Eintritt des Geist-Kindes in ihren Schoß signalisiert die spezielle Gunst des Himmelshelden der Frau gegenüber. Die »Empfängnis« findet entweder durch einen Besuch einer totemistischen Region statt – mit der Absicht, schwanger zu werden –, oder wenn die Frau zum erstenmal die Bewegung des Fötus während eines Aufenthaltes in einem speziellen Totem-Gebiet wahrnimmt. Auf welchem Wege auch immer die Empfängnis zustande kam, eine Aborigine-Frau weiß immer, wo es »passiert« ist, so daß die totemistische Identität des Kindes gesichert ist.

Die totemistische Identität enthält eine Reihe von Tabus für das Individuum. Es ist einer Person zum Beispiel nicht erlaubt, das Fleisch des eigenen Totems zu essen – höchstens in Notfällen und dann nur in äußerst sparsamen Mengen, denn im Grunde genommen bedeutet das, sich selbst zu essen. Als einmal ein Aborigine-Informant ein Känguruh sah, bemerkte er: »Das ist das gleiche wie ich.« Das heißt, er und das Känguruh waren eins. Das Fleisch des Känguruhs zu essen würde also einem Akt der Selbstverleugnung gleichkommen. Die innerliche Beziehung zwischen dem Mann und dem Känguruh wäre gebrochen, was ihn wiederum zu einer »Fegefeuer-Existenz« außerhalb der Natur verdammen würde.

Es scheint auch klar zu sein, daß das Verhältnis zwischen der Person und seinem Totem nicht nur ein Leben lang besteht, sondern auch Leben gibt. Das Totem ist auch eine Form von Bewußtsein, das das Individuum mit etwas anderem als sich selbst oder mit seiner Stammes-Verbundenheit identifiziert. Das Individuum kann aber auch mit dem Totem sprechen, es achten und respektieren und eine Partnerschaft mit ihm eingehen, die alle anderen Erfahrungen innerhalb der Natur transzendiert. Das Totem erdet die Person gewissermaßen in einem spirituellen wie auch in einem physischen

Raum, einen Raum, den sie als ihr Land betrachtet. Das bedingt gegenüber der Totem-Region fürsorgende Verantwortlichkeit, die zu vorgeschriebenen Zeiten rituell ausgeführt werden muß. Die Gesänge des Landes zu kennen, zu wissen wie das Land zur Zeit des Traums geschaffen wurde und was die Symbole der Körperzeichnungen bedeuten – all das ist Teil der totemistischen Identität. Ein Mensch ist nur dann ein Mensch, wenn er jeden Aspekt des Totems annimmt. Damit transzendiert er seine Grenzen und betritt eine besondere Ebene der Heiligkeit.

Churingas und spirituelle Identität

Das Verhältnis zwischen einem Menschen und seinem Totem hat auch eine symbolische Entsprechung. Die *Churinga* versinnbildlicht mehr als jedes andere Artefakt das Erbe der Ahnen. Für gewöhnlich wird eine *Churinga* aus Holz gemacht. Es ist ein oval geformter brettartiger Gegenstand, der das Totem einer Person verkörpern soll. Meistens wird es von dem Großvater für das Kind aus einem Stück Holz geformt, das der Totem-Region entstammt. Die hölzerne *Churinga* ist ein persönlicher Gegenstand, der in einem Totem-Zentrum, zusammen mit den hölzernen *Churingas* der Verstorbenen, aufbewahrt wird. Dagegen bedeutet die steinerne *Churinga* das Totem des Himmelshelden und repräsentiert dessen zeitlose Gegenwart auf Erden.

Eine *Churinga* wird normalerweise dem Initianden zur Zeit seiner Einweihung, bei der die Beschneidung vorgenommen wird, übergeben. Die formelle Enthüllung seiner Verbindung mit dem Traumzeit-Ahnen ist ein bedeutender Augenblick im Leben des jungen Mannes. Die Holz-*Churinga* wird unter den älteren Männern von Hand zu Hand weitergereicht, sie drücken den Gegenstand feierlich und voller Gefühl an sich, bevor sie ihn dem Initianden übergeben. Dann werden dem Jungen die Zeichen auf dem Brett erklärt. Dazu werden geheimnisvolle und heilige Gesänge in einer Sprache vorgetragen, die dem Initianden bisher fremd war. Nun wird die Bedeutung dem Initianden mitgeteilt. Die *Churinga* wird wieder in Blätter eingepackt, mit einer Haarschnur umwickelt und auf eine Plattform im totemistischen Zentrum zurückgebracht. Etwas davon entfernt liegt die steinerne *Churinga*.

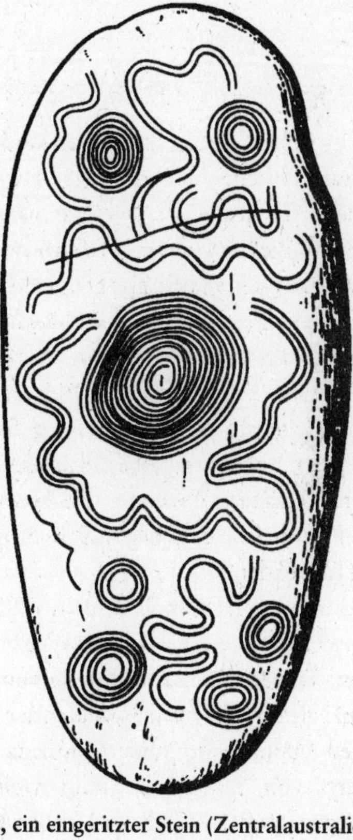

Abb. 7: *Churinga*, ein eingeritzter Stein (Zentralaustralien)

Man sagt, sie sei vom Himmelshelden selbst angefertigt worden. Jene *Churinga*, die das persönliche Totem des Jungen beinhaltet, wird vom Vater an den Sohn überreicht, der ermutigt wird, mit seinen Fingern über das Brett zu streichen und die heiligen Zeichen zu fühlen. In Gegenwart der Älteren und auf ihre Erlaubnis hin enthüllt der Vater geheime Informationen über das Totem des Sohnes und die Transzendenzbeziehung des Sohnes mit seinem Traum-Partner. Folgende Worte, die ein Arunta-Vater an seinen Sohn richtete, wurden zu Beginn dieses Jahrhunderts festgehalten. Sie bringen die Bedeutung einer solchen Enthüllung zum Ausdruck:

> Das ist dein eigener Körper, aus dem du wiedergeboren wurdest. Es ist der wahre Körper des großen Tjenterama, dem Oberhaupt des Ilbalintja-Aufbewahrungsorts. Die Steine, die ihn bedecken, sind die Körper der Nasenbeutler-Männer, die einst an der Quelle von Ilbalintja lebten. Du bist der große Tjenterama selbst: Heute erfährst du zum erstenmal die Wahrheit. Von nun an bist du der Führer der Ilbalintja [der Totemstätte, seinem persönlichen Land]. All die heiligen *Churinga* sind dir nun zur sicheren Verwahrung anvertraut. Schütze sie, bewache das Heim deiner Väter, ehre die Tradition deines Volkes. Wir haben dir viele Dinge zu erzählen. Mehr Verse, größere und mehr geheime Zeremonien werden an dich weitergegeben, die keinem deiner Kameraden zuteil werden. Sie sind alle dein eigenes Erbe. Wir haben sie nur für dich in Obhut verwahrt. Wir werden nun alt, und wir geben das Wissen an dich weiter, da du der reinkarnierte Führer bist. Halte sie für dich geheim, bis du alt und schwach geworden bist. Und sollte kein junger Mann des Nasenbeutler-Totems mehr am Leben sein, so gib die Geheimnisse an andere erprobte und wahrhaftige Männer aus unserem Clan weiter, damit sie die Traditionen un-

serer Vorfahren am Leben erhalten mögen, bis ein anderes Oberhaupt geboren ist.

Diese Ansprache spiegelt deutlich wider, wie wichtig die Weitergabe spiritueller Informationen im Leben der Aborigines ist. Der Initiierte wurde in sakrales Wissen eingeweiht, das ihm durch das Geburtsrecht zusteht. Als ein Mitglied des Nasenbeutler-Totems empfängt er eine totemistische Information, die seit der Traumzeit ein Teil der religiösen Stammesgeschichte ist. Indem er den *Churinga*-Stein zum erstenmal berührt und die Gesänge seines Totems lernt, gelangt der Initiierte in den Besitz seiner spirituellen Persönlichkeit. Nicht länger lebt er nur das halbe Leben, das der Gegenwart entspricht. Er vermag nun ebenso in der transzendenten Form seiner totemistischen Vergangenheit zu leben. Von diesem Augenblick an überragt sein metaphysisches Erbe alles andere. Er kann weder davon getrennt leben, noch wünscht er es aus dem Bedürfnis seines totemistischen Ursprungs heraus. Daraus folgt, daß der Nasenbeutler nicht mehr länger ein Tier ist, das sein Land bewohnt, sondern ihn ständig an seine andere Existenz als spirituelles Wesen erinnert. Wie sich hier zeigt, spielt die Reinkarnation eine wichtige Rolle im totemistischen Glauben der Aborigines. Ein Mann oder eine Frau sind niemals nur sie selbst, sondern stets die Reinkarnation eines anderen. Vor allem die Vorstellung, die Reinkarnation eines Himmelshelden zu sein, bringt den Menschen außerdem in die ungewöhnliche Position, eine lebendige Verkörperung eines Traumzeit-Helden zu sein und als solcher innerhalb des Stammes immer sehr hoch angesehen zu werden. Die Wiedergeburt eines totemistischen Helden stellt sicher, daß der Traum niemals ein weit entferntes Ereignis im Geiste eines Aborigine ist. Seine wirkliche Präsenz, die gleichzeitig er selbst wie auch »etwas anderes« ist, ergibt zusammen die Person, die hoch geachtet wird.

Nicht alle Menschen sind reinkarnierte Himmelshelden, nur solche, die spezielle Qualitäten besitzen, die die anderen auf besondere Weise berühren. Diese Qualitäten trennen für gewöhnlich einen solchen Menschen von den anderen und machen ihn zu einer Respektperson. Als solche nimmt er eine führende Stellung innerhalb der totemistischen Gruppe ein, hat die Lieder unter Kontrolle, führt Rituale durch und wird mit der Zeit Hüter des überlieferten geistigen Wissens. Die totemistische Identität umfaßt aber nicht nur das persönliche Totem. Ein Mann adoptiert auch die des Vaters und behandelt die *Churinga* seines Vaters nach dessen Tod wie seine eigene.

Diese angenommene Beziehung zu einem Vater-Totem steht im Widerspruch zu der Ansicht, der Vater sei bei der Zeugung des Sohnes nicht beteiligt. Der Sohn wird in ähnlicher Weise, wie er die Informationen von den Ältesten über sein persönliches Totem entgegennahm, auch das sakrale, überlieferte Wissen über das Totem seines Vaters erhalten und erlernen, bevor dieser stirbt. Er wird ebenso ein Wächter der *Churinga* seines Vaters und identifiziert sich sogar mit gewissen Charakteristiken, die mit dem Vater-Totem assoziiert werden. Ein Arunta-Mann erzählte einmal, daß er deshalb hinke, weil das Totem seines Vaters ein Känguruh war, das seinen Fuß zur Zeit des Traums gebrochen hatte. Und ein anderer Mann bestätigte zum Beispiel, daß die *Churinga* seines Vaters und seine eigene ein und dasselbe sind.

Totemistische Identität ist nicht nur eine transzendierende Bindung, die den einen Menschen mit einem anderen und mit seinem Traum-Ahnen verknüpft. Der Mensch übernimmt damit auch eine »Hüter-Rolle«, sobald es um eine spirituelle Übermittlung geht. Er wird in gewisser Weise zum Erben all dessen, was im Leben eines Menschen von Wichtigkeit ist. Auch wenn es ihm wenig bedeutet, nützliche oder wertvolle Dinge zu »besitzen«, so ist er sich dennoch seiner Hüter-Verantwortlichkeit im Zusammenhang einer metaphysischen Unterrichtung wohl bewußt. Details können nicht mit anderen geteilt werden, außer bei rituellen Handlungen. Wissen kann auch nicht von einem anderen in »Besitz« genommen, sondern nur »weitergegeben« werden. Jemand, der sich gewisse rituelle Informationen, Lieder, Sprüche oder Tänze, die ihm nicht durch das Totem-Recht zustehen, anzueignen wünscht, begeht einen schwerwiegenden Verstoß. Er wird einer schweren Bestrafung ausgesetzt, muß auch für eine derart unsoziale Haltung mit Exil rechnen. »Gestohlenes Wissen« kann ihm niemals »gehören«, da es allein an einem totemistischen Ort wurzelt – und nicht in einer davon getrennten intellektuellen Vorstellung des Frevlers. Allein die Himmelshelden bestimmen, in wem sie sich – in Übereinstimmung mit der Notwendigkeit und den Bedürfnissen des Clans und des Totems – manifestieren. Doch gelegentlich scheinen sie dennoch Fehler zu machen und sich in der falschen Person am falschen Platz zu inkarnieren. Das kann zum Verlust der totemistischen Identität führen, was soziale Zerrissenheit und persönliches Leid hervorrufen kann.

Solche »Unfälle« können passieren, wenn zum Beispiel eine Frau für längere Zeit benachbarte Aborigines besucht oder wenn sie längeren Zeremonien auf einer sakralen Stätte beiwohnt, die für sie neutral ist und nicht zu ihrem eigenen Land gehört. Wenn unter solchen Umständen eine Empfängnis stattfindet und das Kind geboren wird, muß es später viele Prüfungen ablegen, bevor es ihm gelingt, in späteren Jahren Anspruch auf seine persönliche *Churinga* erheben zu dürfen. Offensichtlich wünscht sein eigener totemistischer Clan nicht, daß es seine Heimat aufgibt, um unter »Fremden« zu leben. Die Prüfung einer totemistischen Identität kann sich oft genauso schwierig erweisen, wie sie zu erlangen ist. Wird zum Beispiel eine *Churinga* gestohlen oder wurde sie an jemand anderen geliehen und nicht zurückgegeben, so wird es einem nicht leicht gemacht, die eigene totemistische Identität zu beweisen. Bis dieser Mensch seine *Churinga* findet und damit seine totemistische Identität bestätigt, durchlebt er, dessen Persönlichkeit als unvollständig betrachtet wird, eine schwere Zeit und ist dem Gespött der anderen ausgesetzt. Ein solcher Verlust kann nicht nur schweren Kummer verursachen, sondern trägt auch zu Spannungen in der Gemeinschaft bei. Ein »Fremder« in ihrer Mitte macht schließlich das Funktionieren ihrer Zeremonien nicht gerade einfach.

Ein solcher Vorfall wurde von T.G.H. Strehlow über einen Mann berichtet, der in der Rara-rara-Ebene (Zentralaustralien) empfangen wurde, als seine Mutter einen benachbarten Ort besuchte. Der Junge durchlief später am Ort seines Vaters sämtliche Initiationsriten. So wurde er als Mitglied des Nasenbeutler-Totems von seinen männlichen Verwandten akzeptiert. Nachdem er erwachsen war, war es für ihn schwierig, seinen eigenen Geburtsplatz auf der Rara-rara-Ebene zu besuchen, da dieser Platz weißen Siedlern gehörte. Zeremonielle Zusammenkünfte sind dort selten geworden. Er war bereits vierzig Jahre alt, als ihm eines Tags die Bevollmächtigten jenes Gebietes, wo ihn seine Mutter empfangen hatte, die Rara-rara-Zeremonien in Alice Springs offenbarten und ihn damit befähigten, sein rechtmäßiges Erbe in Anspruch zu nehmen. Bis dahin schien er zu scheu gewesen zu sein, mit seinen Nachbarn, die seine *Churinga* an seiner Stelle bewacht und behütet hatten, in Kontakt zu treten. Das hatte ihn veranlaßt, Strehlow gegenüber in bedauernder Weise mitzuteilen: »Im großen und ganzen weiß ich nichts über meine eigene ›Heimat‹. Ich habe weder seine Legenden noch Lieder gehört. Ich habe es niemals gesehen oder seinen Zeremonien beigewohnt.«

Man kann sich vorstellen, wie sich dieser Mann angesichts eines solchen Verlusts wichtiger religiöser und kultureller Werte in seiner Jugend gefühlt haben muß. Vermutlich wäre er wohl zu spiritueller Unwissenheit verdammt gewesen, hätten ihn seine wirklichen totemistischen Clan-Mitglieder nicht gerettet.

Es zeigt sich, daß der Besitz eines Totems einen wesentlichen Teil der persönlichen Wahrnehmung und Weltsicht des Aborigine ausmacht. Trotz seines scheinbaren Mangels an Interesse für die persönliche Bestimmung ist er nicht damit zufrieden, die Welt zu akzeptieren, wie sie ist. Die totemistische Identität signalisiert eine spirituelle Verbindung mit der Aktivität der Vorfahren in der Traumzeit. Außerdem erstreckt sich dadurch seine Persönlichkeit weit über das herkömmliche Ego in die Welt der »Götter« hinein. Die *Churinga*, sein steinerner oder hölzerner »Partner«, ist ein Ausdruck, ein Symbol, das diese einzigartige Verbindung nicht allein für die Dauer seiner physischen Existenz, sondern auch seiner spirituellen Existenz bezeugt. Es scheint, daß das Totem dem Aborigine eine Chance offeriert, aus der Zeit herauszutreten, selbst wenn Zeit für ihn nur in ihrer zyklischen Eigenschaft existiert. Die individuellen *Churingas* seiner Vorfahren, die im totemistischen Zentrum aufbewahrt werden, machen es ihm möglich, an deren vergangenen Leben teilzuhaben. Auf diese Weise ist er fähig, über den Tod hinwegzugehen, der nur teilweise Realität ist. Indem er die *Churinga* in Besitz nimmt, die Lieder, Sprüche und Tänze lernt, die sein totemistisches Repertoire ausmachen, erreicht er in sich selbst die Ebene jener Wirklichkeit, die alle anderen zusammenfaßt. So vermag er ohne weiteres zu sagen, wie ein Informant notierte: »Seeadler und ich – wir sind ein Körper.« Mit anderen Worten, ein Mitglied des Nasenbeutler-Totems und das Nasenbeutler-Tier als solches sind eigentlich Brüder.

Diese Gedanken lassen eine Erfahrungsdimension erspüren, die sich völlig außerhalb der üblichen Wahrnehmungsentwicklung befindet, so wie sie uns in der westlichen Welt bekannt ist. Nur widerstrebend könnte man diese Sichtweise prähistorisch nennen, denn das würde bedeuten, sie an den Beginn eines Evolutionsmodells zu setzen. Tatsache ist, daß die totemistische Identität heute noch unter den Aborigines Geltung hat, auch wenn diese mit den Gedanken, religiösen Auffassungen und der Ethik des Westens vertraut sind. Doch sie weigern sich, die Notwendigkeit eines Totems aufzugeben, das eine rituelle, spirituelle und emotionale Verbindung mit ihrem Land aufrechterhält, was ihnen auch hilft, die europäischen Landrecht-Gesetze und die damit verbundenen Eigentumsrechte zurückzuweisen. Die Aborigine-Eigentums-Gesetze als solche entstammen einer transzendenten Ordnung. Sie sind in der Lage, psychische und geistige Bereiche zu umfassen und übersteigen damit alle sichtbaren, physisch erkennbaren Territorien.

Der Mensch ist das Totem selbst, und das Totem ist der Mensch. Vielleicht steht diese Form der Selbst-Identifikation stärker mit einem ursprünglichen Bewußtsein über die Wechselbeziehungen innerhalb der gesamten Natur im Einklang. Es ist eine Wahrnehmung, die wir vielleicht zur Neuwerdung gut benötigen könnten, wollten wir damit anfangen, ein wahrhaftiges Verständnis der Erde – auf der wir schließlich leben – zu entwickeln, bevor es zu spät ist. Es wäre möglich, daß eine totemistische Identität unsere letzte Chance sein könnte, um die Übergriffe gegenüber der Natur, die in den letzten hundert Jahren stattfanden, wiedergutzumachen. Die Worte eines anonymen römischen Autors bringen dies gut zum Ausdruck: »Der Mensch beherrscht die Natur, indem er ihr gehorcht.«

Das mag – bezugnehmend auf ein Totem – der einzig erhalten gebliebene Weg sein, um eine Ehrfurcht zu erlangen, die man Erden-Weisheit nennen könnte.

4.
Ritus und Ritual

Nur wenige Menschen werden derart von ihren Ritualen gelenkt wie die Aborigines. Ihre umfangreiche Geschichte hinterließ ein zeremonielles Vermächtnis, das sich fast über jeden Aspekt des Lebens erstreckt. Dieses Vermächtnis ist so alldurchdringend, daß die Aborigines kaum in der Lage sind, ihren Lebenskurs zu ändern. Ritus und Ritual beherrschen alle Übergänge zu neuen Lebensabschnitten wie Geburt, Jugend, Reife und Tod. Ihre Ahnen vollzogen auch Zeremonien für soziale, sexuelle und eheliche Beziehungen. Die Welt des Aborigine ist ein komplexer Ereigniskalender, der die Existenz auf Erden ganz und gar umspannt, so daß er seine Individualität kaum außerhalb der von Stammesgesetzen bestimmten Ordnung geltend machen kann.

Das heißt aber nicht, daß der Aborigine passiv der Welt gegenübersteht. Doch verfügt er über althergebrachte Modelle, durch die er die Realität verstehen kann, und zwar so, daß dies die Menschen in seiner Umgebung nicht stört. Die Vorstellung des Individualismus ist ihm im großen und ganzen fremd, doch zugleich hat er keinerlei Bedenken, seine Identität innerhalb seiner rituellen Existenz geltend zu machen. Die Welt seines Totems garantiert ihm nicht nur, daß er als Teilnehmer bei Zeremonien einen Platz hat, sondern auch, daß er Teil einer dualen Identität ist. In Verbindung mit seinem Totem ist er daher fähig, sich zum Ausdruck zu bringen, während er gleichzeitig ein Mitglied einer Gemeinschaft bleibt, deren zwischenmenschliche Beziehungen oft komplizierter sind als in einem Theaterstück.

Aborigines lassen sich jedenfalls nicht durch ihre Abhängigkeit von zeremoniellem Gepräge einschränken. Eher ist das Gegenteil der Fall. Sie betrachten das Ritual als eine Lebensergänzung, die es ihnen erlaubt – im Kontrast zu ihren Alltagsaktivitäten –, an einer metaphysischen Dimension teilzuhaben. Abhängig von der Natur und der Beschäftigung, jeden Tag genügend Nahrung zu finden, sind Aborigines bemüht, den Sinn in diesen weltlichen Dingen zu finden, und wenn auch nur, um die Eigentümlichkeit ihres Lebens zu rechtfertigen. Das Land, seine Erschaffung in der Traumzeit, die geheimnisvollen Taten der Himmelshelden und die Zivilisationsfolgen der Stammesgesetze bedürfen einer offiziellen Anerkennung mit Hilfe von Riten und Ritualen, Liedern und Zeremonien. Ein Tanz, die geheimnisvollen Worte eines magischen Spruches – diese Dinge bringen *Alcheringa*, die jenseitige Welt, und jene Zeit näher, als die ewige Spirale der Schöpfung zum allerersten Mal entschieden wurde.

Die Etymologie des Wortes »Ritus« weist genaugenommen mehr auf den Ursprung von Aborigine-Zeremonien hin als auf seine augenscheinliche Assoziation mit dem religiösen Ritual. Natürlich sind diese beiden Begriffe nicht so weit voneinander entfernt, da die meisten Zeremonien in irgendeiner Weise religiös sind. Aber der frühere etymologische Sinn, der vom lateinischen Wort »recte« abstammt, womit »in einer geraden Linie«, »eine senkrechte Stellung« oder »aufrecht« gemeint ist, kommt dem Verständnis der Aborigines, was Rituale angeht, am nächsten. Die Idee der »Aufwärts«-Entwicklung wohnt fast allen Ritualen inne, da der Ursprung der meisten Rituale bei den Himmelshelden selbst zu finden ist. Die Helden der Aborigine-Kultur durchquerten zur Zeit des Traums das ganze Land und speicherten ihr Wissen über Brauchtum und Gesetz in den Ersten Menschen. Daher führt jedes Ritual, das notwendigerweise in Erinnerung an diese Ereignisse vollzogen wird, die Teilnehmer »aufwärts«, also zum »Großen Helden«, der »Nummer Eins« im Himmel zurück. Das mag *Ungud* sein, *Numbakela*, *Mangela* oder *Baiame*. Ausschlaggebend dabei ist, daß Aborigines – wann immer sie ihre Riten durchführen – das Gefühl haben, von weltlichen zu überweltlichen Bedingungen aufzusteigen.

Rituelle Praktiken der Aborigines sind meistens mit Blutopfern verbunden. Es gibt nur wenige Zeremonien, in denen nicht ein Körperteil angeritzt oder beschnitten wird, um Blut fließen zu lassen. Selbst bei der »praktischen« Vorbereitung einer Zeremonie, wie beispielsweise um Federn an ihre Körper zu kleben, wird zur Ader gelassen und das Blut in einer Schale aufgefangen. Eine Handlung, die einfach dazugehört. Das Blutopfer stellt für die Ureinwohner Australiens eine Basis der Zeremonie dar, um ihre wahre Wirkung zu entfalten. Eine Person zählt nicht eher als vollwertiges Mitglied der Gesellschaft, bevor sie nicht den Schmerz der Beschneidung erfahren kann. In diesem Sinne kann kein Junge ein Mann werden, kein Mädchen eine Frau, bevor er/sie eine solche Initiation erfahren hat. Bis dahin führt diese Person das Leben eines Kindes, d.h. sie ist noch kein vollständiger Mensch. Die rituelle Initiation ermöglicht es, als Erwachsener in einem ganzheitlichen Leben »wiedergeboren« zu werden.

Bevor die Aborigines mit Europäern in Kontakt kamen, wurden junge Mädchen oft rituell von Männern entjungfert, die derselben Klasse angehörten wie ihr versprochener Ehemann. Dies beinhaltete auch eine Klitorisbeschneidung mit einem Steinmesser. Nach dem Vollzug des Sexualaktes wurde der Kopf des Mädchens mit Haarbändern aus dem Fell des Nasenbeutlers, ihr Hals und ihre Arme mit Schnüren aus Tierhaaren und ihr Körper aus einem Gemisch von Fett und rotem

Ocker geschmückt. Anschließend wurde sie ihrem zukünftigen Ehemann zugeführt.

Da ein Mädchen normalerweise bei diesem Ritual zwischen vierzehn und fünfzehn Jahre alt war, war sie zum Zeitpunkt der rituellen Entjungferung in den meisten Fällen nicht mehr Jungfrau. Sie dürfte bereits normale sexuelle Kontakte mit Jungen ihres Alters in ihrer Pubertätsphase erlebt haben, so daß die rituelle Entjungferung vermutlich weit weniger traumatisch war, als es für uns zunächst den Anschein haben mag. Jedoch wechselte die junge Frau durch diesen Akt aus freien, uneingeschränkten sexuellen Beziehungen außerhalb ihrer vorgeschriebenen Klassenzugehörigkeit in einen rigideren Sittenkodex ihrer Klasse entsprechend über. Die junge Frau hatte von nun an sexuelle und anderweitige Verpflichtungen einzuhalten. Dieses bindende Übereinkommen machte sie zu einer Bewahrerin ihrer kollektiven Kulturidentität. Sie war nun eine voll erwachsene, respektierte Frau und nicht mehr länger ein halbwertiges Mitglied, dem sexuelle Freizügigkeiten erlaubt waren.

Die Initiation eines Jungen beinhaltet ein Blutopfer in Form einer Beschneidung oder manchmal einer Subincision (Einschnitt in die Eichel). Vor diesem Ereignis vollzieht der Junge für gewöhnlich den »Alchirakiwuma«-Ritus. »Alchira« bedeutet Himmel und »iwuma« werfen. Der Junge wird also in die Höhe, dem Himmel entgegengeworfen. Das Werfen wird von männlichen Mitgliedern durchgeführt, während sie von den Frauen mit unterstützenden Rufen begleitet werden. Dann werden die Brust und der Rücken des Jungen mit Symbolen bemalt, die mit verschiedenen Totems oder Felszeichnungen in Beziehung stehen, aber nicht unbedingt mit seinem eigenen Totem zu tun haben müssen. Das Bemalen wird »enchichichika« genannt, und gemeinsam mit der »Hochwerf«-Zeremonie soll dadurch die Mannwerdung schneller vonstatten gehen. Danach werden die Jungen aufgefordert, das Lager der

Mütter und der Frauen, das sie bis dahin geteilt haben, zu verlassen, um von nun an im Lager der Männer zu leben. Ab jetzt wird von ihnen erwartet, daß sie mit den Männern auf die Jagd gehen, nicht mehr mit Mädchen spielen und bestimmte Nahrung meiden. Diese neue Lebensausrichtung bereitet die Jungen auf das Mannestum vor – so wie das rituelle »dem Himmel entgegenwerfen« ihre eigentliche Herkunft zum Ausdruck bringt.

Mit der zweiten Initiation, »Lartna« genannt, werden die Jungen volle Mitglieder des Stammes. Anläßlich dieser Zeremonie finden sich in der zentralen Region Australiens alle Jungen, die die Pubertät erreicht haben, an einem »Apulla«-Platz, einem Zeremonienplatz ein. Dieser besitzt einen gesäuberten Fußpfad zwischen zwei errichteten Erdhügeln, die in Ost-West-Richtung bis etwa 14 Meter erreichen können. Die symbolische Bedeutung ist offensichtlich: Der Weg zwischen Sonnenaufgang und Sonnenuntergang zeigt sowohl den Weg des Menschen an als auch den Lauf der Sonne über das Himmelsgewölbe. Dies erklärt, warum ein Junge für die Mannesreife Blut vergießen muß. Im Akt der Beschneidung wird das Organ der Potenz des Jungen rituell kreisförmig umrundet, um ihn mit der Macht der »aufsteigenden Sonne« auszustatten, auf daß dem Stamm neues Leben verliehen werde. Die kreisförmige Beschneidungswunde des Penis soll die Verbindung des Jungen mit der schöpferisch-keimenden Kraft der Sonne hervorheben. Von nun an betrachtet er sich selbst als »aufgehende Sonne«, die jeden Tag wiedergeboren wird.

Während der Zeremonie erfährt der Junge eine plötzliche und anhaltende Veränderung. Er macht nun die Erfahrung, sich den Ältesten unterordnen zu müssen, und er hat Gehorsam zu lernen. Als Kind, das weder Regeln noch Disziplin kannte und dessen Benehmen oft zügellos gewesen ist, muß er plötzlich stillschweigend die Autorität der Älteren anerkennen. Durch den Eid zur Geheimhaltung der miterlebten Riten gebunden und durch die Art und Weise der dabei gemachten Erfahrungen, erkennt der Initiand, daß er sich in einen erwachsenen Mann verwandelt hat. Seine Verantwortung für die Erhaltung seiner Kultur hat bereits begonnen. Rituelle Beschneidungen sind Blutriten und Transformationsriten. Durch das Vergießen von Blut und durch die Erfahrung der Schmerzen im Ritual erhält ein Mann die Chance, sich der Selbstreflektion zu öffnen, um sich seiner selbst bewußt zu werden. Erst nachdem er durch seine eigenen Leute Schmerz erfahren hat, erkennt er, daß seine Neigung zur Selbstzerstörung – das heißt sein Mangel an Selbstdisziplin – eine Gefahr für das Wohlbefinden des ganzen Stammes sein kann. Durch die Initiation wird daher dem jugendlichen Chaoten für allezeit ein Weg geebnet, um als Eingeweihter ein nützliches Mitglied der Gemeinschaft zu werden.

Als ein »Rukuta« (Novize) ist der junge Mann drei oder mehr Tage lang verschiedenen Emotionen ausgesetzt. Zum erstenmal in seinem Leben erfährt er wirkliche Angst, Hochgefühl, Ungewißheit und manchmal auch Stolz. Die Älteren heben deutlich ihre Stellung als Lehrer und Bewahrer der Kultur hervor und lassen den Rukuta an ihrem umfangreichen Wissen teilhaben. Er muß ebenso eine Reihe von Strophen lernen, die als sein Eigentum bereitgehalten wurden. Diese Strophen beziehen sich normalerweise auf bestimmte Mythen und Naturphänomene, die seiner »Heimat« eigen sind. Ein Informant berichtete dahingehend:

> Die alten Männer lehrten uns zuerst Verse, die mit »Jutalbma«, dem hohen Berg, in Verbindung stehen – wo sich Rukuta-Männer versammelten. Wir mußten den Berg und die Wallabies, die in den Höhlen seiner Abhänge spielen, besingen. Wir mußten die Verse lernen, die den Sonnenauf-

gang beschreiben, wie er vom »Hohen Berg« aus gesehen wird. So wird er angekündigt durch den Gesang der Vögel in der grauen Morgendämmerung. Dann erscheint die erste Morgenröte am östlichen Himmel, und schließlich werfen die ersten Strahlen der Sonne ihr Licht auf die Spitzen des Spinifex-Grases, das auf dem Berg wächst ... All jene Rukuta, die ihre Verse fleißig gelernt haben und die ihren Lehrern in allen Dingen gefolgt haben, so wie es die Pflicht verlangt, erhielten eine Auszeichnung: Sie wurden in die letzten und geheimsten Strophen des »Aroa« (Felsenwallaby) eingeweiht. Diese Verse beinhalten den Namen des blinden Aroa-Vaters selbst. Die alten Männer behielten dieses Geheimnis bis zuletzt für sich. Nur ein guter und fleißiger Novize wurde damit vertraut gemacht, aber nicht ein Rukuta, dessen Gedanken stets mit Frauen beschäftigt waren.

Aus dieser Beschreibung geht deutlich hervor, daß zum erstenmal in seinem Leben spirituelle Informationen an den Novizen weitergegeben wurden. Er wurde in Geheimnisse eingeweiht, die die Grundlage seiner gesamten Kultur bilden. Auch das Geschenk eines persönlichen Schwirrholzes zu diesem Zeitpunkt steigert die neu entdeckte »Sprache der Götter«, die der Junge nun »in Besitz« genommen hat. Ihm wurde mitgeteilt, die Geräusche des Schwirrholzes seien die Stimmen der Himmelshelden, die nun zu ihm sprechen. Er erhält den Rat, das Schwirrholz sooft wie möglich zu drehen. Das sollte ihn ermutigen, in einen inneren Dialog mit seinen heldenhaften Ahnen zu treten.

Man kann nur erahnen, wie sich ein Novize bei dieser schmerzvollen Veränderung an diesem Punkt seines Lebens gefühlt haben muß. Die Welt seiner Kindheit wurde ihm zeremoniell für den Rest seines Lebens genommen. Die Beschneidung enthüllte seiner Psyche eine ganz neue Dimension. Er ist nun in die Gemeinschaft der Männer eingetreten, und offensichtlich herrscht zwischen diesen und den Himmelshelden ein großes geheimes Einverständnis. Was diese Männer wissen, was sie ihn lehren, gehört einer Ordnung an, die von einer anderen Wirklichkeit ist. Machtlos und unfähig, den wissenden Männern zu entkommen, wird dem Novizen bewußt, daß er erst jetzt den minderwertigen, unwissenden Zustand der unbedachten, unwissenden Kindheit hinter sich gelassen hat. Von nun an muß er als »bewußt gewordener Mensch« die mysteriöse Welt des Traums anerkennen, aus der alle Dinge hervorkommen. Sein neuer Status berechtigt ihn zu weiteren Instruktionen, die die geheimnisvolle Seite des Lebens im Stamm betreffen. Totem-Tänze werden von den Älteren durchgeführt, Lieder werden gesungen, und totemistische Körpermalereien werden ihm zum erstenmal gezeigt. Seitdem er diese Zeremonien bezeugt hat, verlangt seine Seele nach Tiefe, und in diesem Prozeß ist er innerlich still geworden. Doch nur in der Stille kann ein Junge ein Mann werden.

Die endgültige Anerkennung als vollwertiges Mitglied der Gesellschaft wird einem Novizen allerdings nicht verliehen, bevor er nicht einige Zeit später die »Inkura«-Zeremonie vollzogen hat. Der Novize wird nun als *Iliara* anerkannt, und gemeinsam mit seinesgleichen wird er zu einer vorbereiteten Lichtung gebracht, wo ein langer Erdhügel errichtet worden ist. An diesem Ort werden die Jungen schlafen und während der gesamten Zeremonie direkt auf der Erde ruhen. Nahe Feuer halten sie nachts warm, und am Morgen wird die Asche auf der Höhe des heiligen Hügels verstreut. Solange der Hügel auf der Lichtung besteht, wagt niemand den Ort zu verlassen. Von diesem Inkura-Grund unabgemeldet wegzugehen könnte Krankheit oder sogar den Tod bei dem, der sich der Aufgabe als unwürdig erweist, hervorrufen. Jeder Iliara erhält eine neue *Churinga* oder ein neues Schwirrholz, mit den traditionellen Mustern seines Totems geschmückt. Die ganze Nacht hindurch wird er ermuntert, die Schwirrhölzer kreisen zu lassen. Selbst im Schlaf fühlt er sich bedrängt von dem Geräusch der Schwirrhölzer, die nun von den Älteren gedreht werden, in der Absicht, ihn und seine Kameraden aufzuwecken, um ihnen weitere Instruktionen zu geben. Die initiierten Männer versammeln sich dann vor den Älteren, die sie zur Teilnahme an einer weiteren Zeremonie einladen. Zum erstenmal werden einige *Iliara* gebeten, Blut zur Verfügung zu stellen, das die älteren Männer zur Körperbemalung ihrer Kameraden benötigen. Auf diese Weise werden die sakralen Muster an die junge Generation weitergegeben. Bald ist jeder Junge bereit, seinen ersten Inkura-Tanz unter der Anleitung eines Älteren durchzuführen. Nachdem sie einige Stunden getanzt haben, sind die *Iliara* bereit, in der Dämmerung jagen zu gehen, um Fleisch als Opfergaben zurückzubringen, die sie den Älteren dann vor die Füße legen – als Zeichen des Gehorsams und des Dankes. In den folgenden Tagen lernen die jungen Männer noch mehr Tänze, werden in weitere Strophen eingeweiht und erdulden weitere Entbehrungen, da sie kaum zum Schlafen und Essen kommen. Hierzu erzählt ein Informant:

> Wir gewöhnten uns daran, müde abzuwarten, unsere Mägen schmerzten vor Hunger. Wir wagten nicht, uns den Älteren zu nähern, bevor sie uns nicht riefen. Wir lebten in großer Furcht vor unseren Vätern, wenn sie sich auf dem Inkura-Grund versammelt hatten. Wir wußten, letztlich würden wir gerufen werden. Dann rannten wir vorwärts, legten ihnen das getötete Wild zu Füßen und beteiligten uns am Tanz. Die Ältesten brieten das Fleisch. An dem Federflaum, der noch immer an ihren Körpern klebte, konnten wir erkennen, daß sie während unserer Abwesenheit andere

Zeremonien abgehalten hatten. Und wir sagten unter uns: »Sie müssen heute eine mächtige *Churinga* gemacht haben.« Sie würden uns diese nicht zeigen, denn wir hätten ihre Macht nicht aushalten können. Wir wagten es nicht, unseren Vätern Fragen zu stellen. Unsere Angst war zu groß.

Zeremonien wie diese, begleitet von striktem Fasten und Schlaflosigkeit, sollten die *Iliara* noch demütiger machen, um sich dem Willen der Ältesten unterzuordnen. Auf diese Weise wurden sie für die Übermittlung geistiger Lehren aufnahmefähiger gemacht, die für das spirituelle Wohlbefinden des gesamten Stammes ausschlaggebend waren. Blut- und Speiseopfer, Gesänge und Tänze, die sie mit ihren totemistischen Ahnen in Kontakt brachten – das alles trug dazu bei, die Psyche der *Iliara* zu verwandeln. Nur so konnten sie selbst die intensive spirituelle Wirklichkeit, die die Enthüllung über die Traumzeit beinhaltet, erfahren und verstehen.

Was sie einst als die Sache »alter Männer« betrachtet hatten, war nun ein Teil ihres eigenen Erbes als voll initiierte Männer geworden. An dieser »Architektur der Seele«, wie Weil solch spirituelles Wissen nannte, hatten die Iliara nun teil, auf daß sie selbst mit zunehmendem Alter zum Erhalt ihres kulturellen Erbes beitragen konnten.

Für die Aborigines ist daher die Initiation ein wichtiger Zeitpunkt, an dem sie verstärkt zu einer metaphysischen Weltsicht übergehen. Herkömmliche Bezeichnungen wie »Übergangsritus« verbergen oft die zugrundeliegende Notwendigkeit, das Recht dieser Menschen auf Transzendenz zu bestätigen. Blut-Riten mögen in diesem Prozeß als grausame Begleiterscheinung gesehen werden, aber in der Realität der Aborigines sind sie Teil jener Entwicklung, die sie von der Jugend abnabelt, um erwachsen zu werden.

Ein Mann muß lernen zu leiden, wenn er eine bewußte Persönlichkeit werden will, die imstande ist, seinen Beitrag zur Gemeinschaft zu leisten. Er weiß auch, daß Schmerz sozusagen als Metapher einer »bösen Erfahrung« notwendig ist, um das »alte Leben« – versinnbildlicht durch die Vorhaut – abzustreifen, um einem neuen Leben Platz zu machen. Ein Mann zu werden, bedeutet einen entscheidenden Schritt – einen Schritt, der den Beginn des Seelenlebens markiert, das sich wesentlich von der Existenz eines unbewußten Wesens unterscheidet. Die Kindheit wird beispielsweise als die Lebensstufe eines einfachen Geschöpfes betrachtet, da es nicht viel mehr beinhaltet als Akzeptanz. Im Gegensatz dazu ist ein voll initiierter Mann jemand, der seine Zustimmung zu jener Reise gegeben hat, die das Leben bietet. Er setzt nun alles daran, sein »Reiseziel« zu erreichen, wobei er all das kulturelle Wissen verwendet, das ihm von den Älteren anvertraut wurde.

Interessant ist, daß das Wort *Iliara* (Strehlow) oder *Urliara* (Spencer und Gillen) »vollkommen entwickeltes Mitglied des Stammes« bedeutet. Das Wort selbst stammt von »Ura« ab, was »Feuer« bedeutet. Ein solcher Mann, der während der Inkura-Zeremonien verschiedenen Prüfungen unterzogen wurde, ist jemand, der »durch Feuer« vollkommen geworden ist oder der in sich selbst »Feuer empfangen« hat. (Daher die Bedeutung der Asche, die über den Ruheplätzen der *Iliara* verstreut wird.) Einem anderen Informanten zufolge stärkt die Inkura-Zeremonie all jene, die sie bestehen. Sie verleiht ihnen Weisheit, macht die Natur eines Mannes sanfter und weniger streitsüchtig. Mit anderen Worten, sie macht einen Mann »ertwa murra oknirra« – zu »einem sehr guten Mann«. Die moralischen Gebote sind so stark, daß es kaum möglich scheint, daß sich irgend jemand durch diese Erfahrungen nicht verändert. Kein Wunder, daß die verschiedenen erfahrenen Einweihungsphasen einen Mann durchaus sein ganzes Leben lang dazu berechtigen, Namen zu führen, die seinen Status entsprechend hervorheben. Aber nur als ein *Iliara* wird jemand als ein »vollkommener Mann« angesehen.

Die Bedeutung der Kunst im Ritual

In gewissem Sinne sind alle Zeremonien Einweihungszeremonien. Die gesamte Welt der Totems mit ihren komplexen Sinnbildern und Zeichen sowie den dazugehörenden Liedern und Tänzen erfüllt Einweihungsfunktionen. Sie bringt Menschen in Kontakt mit dem dualen Aspekt ihrer selbst, mit jenem Teil, dem man sich nur mit Hilfe von Metaphern oder visuell nähern kann. In diesem Zusammenhang nimmt die Kunst eine starke Rolle ein, egal, ob es sich dabei um sorgsam ausgeführte Eingravierungen auf einer *Churinga* handelt, um die oft kunstvollen Symbole einer Körpermalerei oder gar um die vollendete Wiedergabe eines Himmelshelden wie etwa Wandjina auf einer Felswand. Kaum jemand wird abstreiten, daß Aborigines eine sakrale Bildersprache entwickelt haben, die fähig ist, ihre tiefsten Glaubensvorstellungen zu vermitteln. Jede künstlerische Arbeit wird zum integrierten Teil eines Rituals oder einer Zeremonie. Nur selten sind Kunst und Ritual voneinander getrennt, außer wenn europäischer Einfluß zur Geltung kam. Die neuen Kunstrichtungen in Zentral- und Nordaustralien sind Ergebnisse solcher Fremdeinwirkungen. Was einst heilig und manchmal ein Geheimnis war, wurde nun zunehmend aufgrund des ökonomischen Drucks auf die Aborigine-Gemeinschaften benützt, um spirituelle Bedürfnisse in anderen Teilen der Welt zu befriedigen.

Die Kunst der Aborigines ist eine der wenigen echten Ausdrucksformen religiöser Darstellungen, die in der Welt noch zu finden sind. Ganz Australien besitzt ein immenses Netzwerk von Höhlen und Felsformationen, die diese Kunst aufweisen. Auf der Suche nach diesen »Open-Air-Kathedralen« gewinnt man den Eindruck, als würde man einem ursprünglichen Panorama der Gnade begegnen. Egal, ob es die Lightning Brothers bei Katherine sind, die *Wandjina* in den Kimberleys, der *Quinkin*-Geist von Cape York oder die Große Schlange von Ngama in der zentralen Wüstenregion – man ist sofort berührt von der Würde dieser Malereien. Ich erinnere mich an eine vor einigen Jahren stattgefundene Begegnung mit *Jarapiri*, der Großen Schlange von Ngama. Die Hüter des Ortes begleiteten mich. Aus der Art und Weise, wie sich die alten Männer der Felsmalerei näherten, war deutlich zu erkennen, daß es für sie ganz gewiß nicht nur eine bloße Malerei war. Während sie mit ihren Händen an der Malerei entlangstrichen, traten sie in einen inneren Kontakt mit *Jarapiri* (die Schlange ist hier männlich), den sie für den Urheber dieser Malerei hielten. Für diese Walbiri-Männer war die Felsmalerei nicht eine ockerfarbene Wiedergabe der Großen Schlange, sondern eine rituelle Verkörperung ebendieser Großen Schlange selbst.

Kunst ist für Aborigines eine rituelle Begegnung mit der Traumzeit. Jede Felsmalerei wird von den traditionellen »Besitzern«, den sogenannten »Wächtern« betreut, die für den Schutz und die Erhaltung des Ortes verantwortlich sind. Viele Felsmalereien befinden sich auf wichtigen Zeremonienplätzen und werden in regelmäßigen Abständen besucht. Die Lightning Brothers Yagjagbula und Jabiringi (westlich von Katherine) sind beispielsweise das Zentrum von Regenmacher-Ritualen am Ende jeder Trockenzeit. Noch bis vor kurzem versammelten sich die Wardaman-Aborigines jedes Jahr unterhalb der Felswand, um entsprechende Zeremonien und Tänze durchzuführen. Idumdum (bekannt als Bill Harney), der Hüter der Wardaman-Kultur, kennt noch alle Geschichten, die mit den Lightning Brothers zusammenhängen. Und so ist auch

Larry Tchakamurra mit den Liedern und Sprüchen, die *Jarapiri* bei Ngama betreffen, vertraut.

Der Entwicklungsweg der Bild-Schöpfungen ist interessant. Während meiner Reisen fragte ich mich oft, wie und warum ein bestimmtes geistiges Wesen seine dargestellte Form erhalten hat. Die *Wandjina* in den Kimberleys sind strahlende, lichtvolle Gestalten von hohem Rang wie kaum andere in Australien. Aus welchem Grunde erhielten sie ihr besonderes geistähnliches Antlitz, das zwar zwei große Augen, aber keinen Mund besitzt? Die Antwort auf diese Frage erhielt ich zufällig von einem ihrer Hüter-Naringin-Aborigine David Mowaljarlai.

Seiner Aussage zufolge hat die Figur der Wandjina nichts mit Regenwolken zu tun, wie manche Beobachter meinten, sondern mit einem Knochengebilde, das im Körper der Süßwasserschildkröte verborgen liegt. Es ist jener Teil, der die Speiseröhre und das Genick formt, welcher das *Wandjina*-Modell liefert. David Mowaljarlai ist überzeugt, daß Wandjina »dem erzählten Tier sein Bild einprägt« – und das ist die Süßwasserschildkröte. In der gleichen Art wie ein Geist-Kind in den Schoß einer Frau eintritt, betritt *Wandjina* in seiner ausgewählten Form einen *Ungud*-Platz (sakraler Naturplatz), um »in die Welt hineingeboren« zu werden. Außerdem ist David Mowaljarlai der Überzeugung, daß die Süßwasserschildkröte eine Erinnerung an die Erschaffung der Menschen ist.

Daß der Ursprung eines sakralen Bildes der Natur entstammt, wird des weiteren durch die Schöpfungsgeschichte von *Kunukban*, der Regenbogenschlange, deutlich. Nach Aussage von Kulumput, einem Ältesten der Wardaman, stammt *Kunukbans* Gestalt von der schwarzköpfigen Python ab, wenn er auch bemerkt, daß die Große Schlange ursprünglich von der fernen Insel Puruyu:nungu:kunian stammte, bevor sie

Australien erreichte. Vermutlich hatte die Große Schlange bis dahin keine manifeste Form, da sie ihr spezielles Bild erst erhielt, nachdem sie von Jolpol, der Bachstelze, attackiert wurde. Wie wir uns erinnern, zog sich in dieser Feuerepisode *Kunukban* am Kopf schwere Verletzungen zu, während Jolpol mit kleinen Verbrennungen an den Flügeln und seinem Kopf davonkam. Und Kurukura, der schwarze Kuckuck und Beschützer von *Kunubkan*, verbrannte dabei seinen ganzen Körper. Diese in der Schöpfungszeit erhaltenen Körperzeichnungen spiegeln heute die physischen Gestalten der schwarzköpfigen Python, der schwarz-weißen Bachstelze und des schwarzen Kuckucks wider.

Die sichtbaren Formen von *Kunubkan* und *Wandjina* sind also der Natur abgeschaut, obwohl das, was im Prozeß der »Vergöttlichung« geschieht, von einer anderen Ordnung ist. Aborigines haben die Fähigkeit zu erkennen, daß natürliche Erscheinungen von einer außergewöhnlichen Kraft *(Djang, Ungud, Kurunba)* durchdrungen sind, womit eine andere Erfahrungsebene erreicht wird. Der Versuch, das Bild in einer künstlerischen Form wiederzugeben, ist zum Teil eine Herausforderung an den Menschen, seine Fertigkeit zu erproben. Oftmals erklärte einer der Ältesten, daß eine bestimmte Felsmalerei nicht von Menschenhand stammt, sondern von dem geistigen Wesen selbst. Der Gedanke, daß ein sakrales Bild nicht durch Menschenhand geschaffen wurde, ist vor allem an Orten nicht ungewöhnlich, an denen spirituelle Traditionen gepflegt werden. Erinnert sei hier nur an die Sage, daß Jesus Christus seinen Gesichtsabdruck auf wundersame Weise auf dem »Mandylion«, einem Stück Stoff (Tuch), hinterließ, das Boten von Abgar V., dem König von Edessa, übergeben wurde, nachdem dieser Ihn um Sein Bildnis gebeten hatte. Diese Ikone wurde in Konstantinopel aufbewahrt, bis sie während der byzantinischen Eroberung verschwand.

Der rituelle Aspekt bei einer Felsbild-Retusche ist nichts anderes als eine praktische Ergänzung zur ursprünglichen Traum-Schöpfung. Für die Aborigines ist der Geist dem Felsen innewohnend, und es ist sein Bild, das erneuert wird. Das Wissen, daß ein sakrales Bildnis nicht durch Menschenhand entstand, verleiht jeder Felsmalerei zweifellos große Macht. In dieser Hinsicht verfügen Aborigines über eine Wahrnehmungsebene, die die sogenannte objektive Realität transzendiert. Auf diese besondere Wahrnehmung beziehen sich die meisten alten Kultur- und Naturvölker, wenn sie ein metaphysisches Phänomen erklären möchten. Während sie auf einer Ebene mit ihren Augen sehen, sehen sie auf einer anderen allein mit ihrem Intellekt. Es ist diese Art intellektueller Wahrnehmung, welche oftmals im 14. Jahrhundert von Gregory von Palamas, einem Theologen der orthodoxen Kirche, erörtert wurde. Er sprach von einem nicht-kreierten oder immateriellen Licht, einer Substanz, die die Welt der greifbaren Bilder durchdrang, als sie gottähnlich wurden. Danach war es zum Beispiel kein materielles Licht, das am Berg Tabor auf die Apostel schien, sondern etwas Übersinnliches, der »übernatürlichen Welt der Gnade« Zugehöriges. Die Kluft zwischen einem Hüter der Aborigine-Tradition und einem orthodoxen Theologen scheint nicht so groß zu sein, wie sie erscheinen mag. An einem Punkt stimmt sie: daß eine nicht erschaffene und unbegrenzte göttliche Kraft existiert.

Palamas nennt diese Energie eine »vergöttlichte Energie«, die »alle gottähnlich macht, die daran teilhaben«. Aborigines nennen diese außergewöhnliche Kraft, die jeden sakralen Platz oder jedes sakrale Objekt durchdringt, *Djang* oder *Ungud*.

Wann immer sich Aborigines einer Felsmalerei nähern, können sie sich rasch gefühlsmäßig und gedanklich damit in Beziehung sehen. Die dabei gemachten inneren Erfahrungen können nur von jenen verstanden werden, die Rituale und sakrale Zeremonien vollzogen und ihren Geist entsprechend ausgebildet haben.

Die rituelle Kunst der Aborigines umfaßt auch andere Bereiche. Bevor sie mit den Europäern in Kontakt kamen – und selbst noch in diesem Jahrhundert –, bemalten sie regelmäßig vor jedem bedeutenden Ritual die Zeremonienhügel. Während der Dauer der Zeremonie repräsentierte ein solcher Hügel *Djang*, die Kraft. Dies bedeutete, daß der Geist des Traums in ihn eingetreten war. Nach Beendigung der Zeremonien wurden entweder die Malereien ausgelöscht oder die Lichtung wurde aufgegeben, bis der Geist der Traumzeit bereit war, den Ort zu verlassen. Auf diese Weise blieb die Würde der Malerei immer erhalten. Auch die Malereien der Tiwi-Aborigines zum Zeichen der Trauer um einen Verstorbenen strahlen diese Würde aus. Diese Malereien auf der Bathurst-Insel nördlich der Küste des Northern Territory entfalteten eine starke Aussagekraft, die sich von den anderen Aborigine-Malereien stark unterschied. Die Tiwi bemalen noch immer ihre Pukamani – (Toten-)Pfähle – mit ausgefeilten Mustern, die die totemistische Identität des Verstorbenen wiedergeben. Sein »anderes« Leben bleibt daher in der lebendigen Erinnerung seiner metaphysischen Existenz bewahrt.

Vielleicht ist das der Grund, warum Aborigines niemals Gefallen an persönlichen Abbildungen gefunden haben. Ihre metaphysische und auch ihre gesellschaftliche Identität scheint jede Notwendigkeit einer persönlichen Identifikation unnötig zu machen. Selbst Maler der Gegenwart heben sich kaum als Person, die das Kunstwerk geschaffen hat, hervor, weder in ihrer traditionellen Form noch in ihrer »Fine Art« auf Leinwand. Es ist, als hätten es sich die Aborigines erlaubt, ihre Persönlichkeit in etwas einzubeziehen, was schiitische Theologen als »Qualität der Handlung« bezeichnen. Nur auf diese

Weise kann sich ein Mensch selbst offenbaren, doch nicht in einem sichtbaren Porträt, das sein eigentliches Wesen nicht zu erfassen vermag. Es ist die totemistische Identität, die seine wirkliche Persönlichkeit widerspiegelt und daher fähig ist, sich in Körperbemalungen, Sterbe-Artefakten oder als Traum zum Ausdruck zu bringen.

Der Traum eines Menschen ist alles, was er besitzt. Er ist sein metaphysisches Eigentum, das verbunden ist mit dem Platz, an dem seine Mutter ihn empfangen hat. In einem gewissen Sinne handelt es sich um eine Art »Ursprungs-Vorstellung«, die ein Mensch von dem Augenblick an besitzt, da er geboren wird, und niemand kann ihm seinen Traum wegnehmen. Und so kann auch niemand seinen Traum malen ohne sein Einverständnis. Vor der rituellen Enthüllung besitzt er diesen seinen Traum unbewußt – d.h. er ist noch nicht in seine geistige Bedeutung eingeweiht. Aber sobald ihm diese enthüllt wurde, ist er berechtigt, seinen Traum zu rituell vorgeschriebenen Zeiten darzustellen. Seine wirkliche Identität besteht also aus einer Kombination aus seinem Totem und seinem Land. Es ist nicht möglich, diese vom Menschen zu trennen. Dieser Brauch hat sich heutzutage jedoch geändert. Nun malen viele Künstler ihre Träume und verkaufen sie durch die Vermittlung kommerziell ausgerichteter Kunstgalerien. Doch sind die spirituellen Aspekte ihres Traums für gewöhnlich nicht in ihren Malereien enthalten. Auf diese Weise bleibt ihr Geheimnis, ihre metaphysische Identität, bewahrt.

Ritus und Ritual sind für Aborigines wesentlich, um sich selbst zu verwirklichen. Ohne ihre Zeremonien, ihre rituellen Verse, Lieder und Tänze wären sie ihrer Fähigkeit zu überleben beraubt. Sie wissen zum Beispiel, daß, wenn Zeremonien nicht vollzogen werden, die Kraft der Natur geschwächt wird, so daß sie sich selbst kaum mehr erneuern kann. Sie glauben, daß der gesamte Zustand der Natur von der Durchführung der Riten abhängig ist. Die Meinung ist weit verbreitet, daß wenn Zeremonien in bestimmten Regionen nicht mehr vollzogen werden, Tiere und Vögel daraus verschwinden. So sind Riten in gewissem Sinne eine Verbindung zwischen Mensch und Natur. Die einzige Art, durch die ein Mensch mit der Natur zu kommunizieren vermag, besteht darin, sich auf gleiche Ebene mit ihr zu stellen. Sobald ein Aborigine von der Atmosphäre einer Zeremonie umhüllt wird, fühlt er sich völlig in Übereinstimmung mit dem Universum. Dann sind er und die Natur eins. Ein Aborigine sieht sich tatsächlich in keiner Weise von der Natur getrennt, er begreift sich und die Natur als enge Verbündete.

Über dieses Thema läßt sich ausgiebig diskutieren. Heißt das nicht auch, daß die Rolle der Natur als Partner der Weltenschöpfung deshalb kaum noch von Bedeutung ist, weil Rituale im modernen Leben keinen Platz mehr haben? Die moderne Wissenschaft hat uns in eine Situation gebracht, in der der Mensch – zumindest in gewissem Maße – Kontrolle über die Natur ausübt. In der Folge hat der Mensch sich darin geübt, die Natur zu manipulieren, was unzählige Umweltschäden hervorrief. Bestimmte Tierarten werden immer seltener, und jedes Jahr sterben zahlreiche Arten aus. Ohne die fruchtbringende Auswirkung des Rituals oder eines metaphysischen Doppelgängers in Form eines Totems scheinen wir kaum eine Chance zu haben, unserer Neigung, die Natur auszubeuten, Einhalt zu gebieten. Wir haben weder Tabus noch Einschränkungen, die uns helfen könnten, die Natur aufzuwerten. Diese Art von Erden-Weisheit hat der moderne Mensch fast ganz verloren. Es scheint fast so, als ob die Aborigines, gemeinsam mit anderen ursprünglich lebenden Völkern in der Welt, die einzigen sind, die es verstehen, der Zerstörungswut, die wir gegen unseren Planeten richten, Einhalt zu gebieten. Anscheinend ist das religiöse Ritual der metaphysische Schlüssel zu jenem Tor, das bereits zu lange verschlossen war. Wenn wir diesen nicht benutzen, könnten wir unfähig werden, diesen Zerstörungsprozeß aufzuhalten.

5.
Die Kunst des Mythos

Maurice Bowra beschreibt den Mythos als »eine Geschichte, deren ursprünglicher Zweck nicht der Unterhaltung, sondern der Erleuchtung diente«. Ihm zufolge wurden Mythen nicht im Geiste rationaler Erklärung entwickelt, sondern um halbbewußte Elemente der menschlichen Natur anzusprechen. Er geht davon aus, der vorgeschichtliche Mensch habe kaum analytische oder begriffsbildende Fähigkeiten besessen und auch keine linguistischen oder geistigen Quellen, die für analytisches Denken Voraussetzung sind. Diese Ansicht ist für einen intellektuellen Standpunkt typisch, der Mythen als eine archaische Form betrachtet, den Dingen auf den Grund zu gehen. Eine Form, die vollkommen getrennt ist von der metaphysischen Dimension, die der Mythos ja eigentlich zu erkunden wünscht. Doch unter Aborigines ist der Mythos eine ebenso echte Form einer metaphysischen Aussage, wie es die *Summa Theologica* von Thomas von Aquin für die Christen im Mittelalter war.

Es ist keine Neuigkeit, daß es in ganz Australien ein umfangreiches Netzwerk mündlich überlieferter Geschichten gibt. Sie beinhalten den Ursprung der Welt sowie die Bedeutung des Traums und die Geburt sozialer Institutionen und spiritueller Gesetze, oder sie berichten, wie Werkzeuge und Kunstgegenstände entstanden und wie sich die Natur in das gesamte Mosaik dieses Schaffens einfügt. Der Mythos ist keine Widerspiegelung archaischen Bewußtseins, sondern ein von den meisten Kulturen, die mündliche Überlieferungen kennen, benutztes Mittel, um ihren Wahrnehmungen Sinn zu verleihen.

Die Sprache der Mythen befähigt die Aborigines, eine ganze Reihe religiöser Überzeugungen zu definieren. Das große Spektrum der Aborigine-Sprachen sorgte für eine immense Anzahl unterschiedlichster Mythen. Zu der Zeit, als die Europäer nach Australien kamen, gab es unter den Aborigines über fünfhundert verschiedene Sprachen, Dialekte inbegriffen. Im Gegensatz zur gängigen Annahme sind Aborigine-Sprachen außerordentlich komplex, was Satzbau und Grammatik betrifft. Erst seit dem Kontakt mit Europäern wurde Pidgin-Englisch unter den Aborigines die »Lingua franca«, die gebräuchliche Ausdrucksform, was zu einer Reduzierung des Wortschatzes und intellektueller Einsichten führte. Pidgin ist im wesentlichen eine Umgangssprache, die entstand, um sich mit den europäischen »Chefs« verständigen zu können. Pidgin verfügt über keine linguistischen Feinheiten, wie sie die Aborigine-Sprachen einst besaßen, und ist daher ein armseliges Mittel, die alten Mythen in der Weise zum Ausdruck zu bringen, wie es früheren Generationen möglich gewesen ist. Daher überrascht es nicht, wenn man herausfindet, daß viele der früheren Mythen verlorengingen, ganz einfach deshalb, weil es immer weniger Aborigines gibt, die noch mit ihren alten Sprachen vertraut sind. Viele der jungen Generation sprechen nicht mehr die Sprache ihrer Väter, wodurch sie völlig von ihrer wahren Beziehung zu ihrer Stammesmythologie abgeschnitten sind.

Dies ist genau die Situation, in der sich die Aborigines heutzutage selbst sehen. Wie oft hatte ich doch gehört, daß ein älterer Aborigine den Niedergang seiner Kultur dem Niedergang seiner Sprache zuschrieb. Bill Neidjie, ein bedeutender

Geschichtenerzähler der Kakadu-Region, bringt das ganze Dilemma in folgender Erzählung auf den Punkt:

> Meine Leute sind alle tot.
> Nur wenige sind übriggeblieben ...
> nicht viele.
> Wir werden zu alt.
> Junge Leute ...
> ich weiß nicht, ob sie diese Geschichte
> bewahren können.
> Aber nun kennst du diese Geschichte.
> Und du wirst zu Erde werden.
> Du wirst ein Teil der Erde, wenn Du stirbst.
> Du bist jetzt verantwortlich.
> Du wirst dieser Erde folgen müssen.
> Vielleicht kannst du dich anklammern ...
> an dieser Geschichte festhalten ...
> an dieser Erde.

Oder David Mowaljarlai sagte zu diesem Thema: »Wenn die alten Leute sterben, wird all das Wissen aussterben. Die Geschichten, die wir den Missionaren und Anthropologen erzählt haben, wurden in Schränke gesperrt und vielleicht sogar gelegentlich weggeworfen. Die nächste Generation wird nicht mehr wissen, wie sie die Kultur wieder ganzmachen kann.

Es gibt viele Dinge, die mit Worten nicht erklärt werden können, d.h. sie können nur durch andere Ausdrucksformen entdeckt werden. Anders ausgedrückt, diese anderen Dinge können sich nur selbst offenbaren. In diesen Momenten kommen Mythen und Legenden selbst zur Wirkung. Es sind perfekte Mittel für die Auskundschaftung nicht-materieller Wirklichkeiten, die die Logik der Sprache und rationaler Gedanken herausfordern. Der Mythos ist ein glaubwürdiges Werkzeug des Wissens – aus unterschiedlichem Naturmaterial gemacht, um eine brauchbare Hypothese zu gewinnen, die zum Verständnis der Welt beiträgt. Es gibt keine bessere Erklärung über die Aufgaben eines Mythos, als sie in der folgenden Geschichte, die den Adnyamathanha-Aborigines in den Flinders Ranges gehört, zu finden ist. Diese Geschichte, die von Tod und Auflösung, von körperlicher Wiederbelebung und spirituieller Erleuchtung handelt, ist eine komplexe Antwort, die der Natur entstammt. Das Gespräch zwischen Adambara, der Spinne, und Artapudapuda, einem kleinen kriechenden Insekt, das wegen seiner Erscheinungsform auch als »modernder Grasbaum« bezeichnet wird und unter der Rinde der River Red Gum (»Rote« Eukalyptusbäume, die entlang von Flußläufen wachsen) lebt und angeblich Spinnen attackiert, wird als Vehikel benutzt, um gegensätzliche Vorstellungen auf befriedigende Weise miteinander zu vereinbaren:

> Adambara und Artapudapuda saßen zusammen und unterhielten sich. Sie überlegten, was mit den Menschen geschehen soll, wenn sie so krank werden, daß sie sterben. Beide gingen fort, um darüber nachzudenken. Nach einer Weile kamen sie wieder zusammen, um eine Entscheidung zu treffen.
>
> Artapudpuda sagte, wenn ein Yura [schwarzer Mann] stirbt, soll sein Körper im Grabe bleiben und verwesen, und nur sein Geist soll nach drei Tagen auferstehen. Adambara sagte, er stelle sich das anders vor. Nachdem ein Yura gestorben ist, sagte er, solle er in ein Netz eingewickelt werden, das eine Falltüre besitzt. Dann soll das Tor geschlossen und der Yura für drei Tage allein gelassen werden. Während dieser Zeit würde ein Heilungsprozeß stattfinden, und am Ende der drei Tage würde er hervorkommen wie ein Schmetterling aus seinem Kokon. Das sei es, was sich

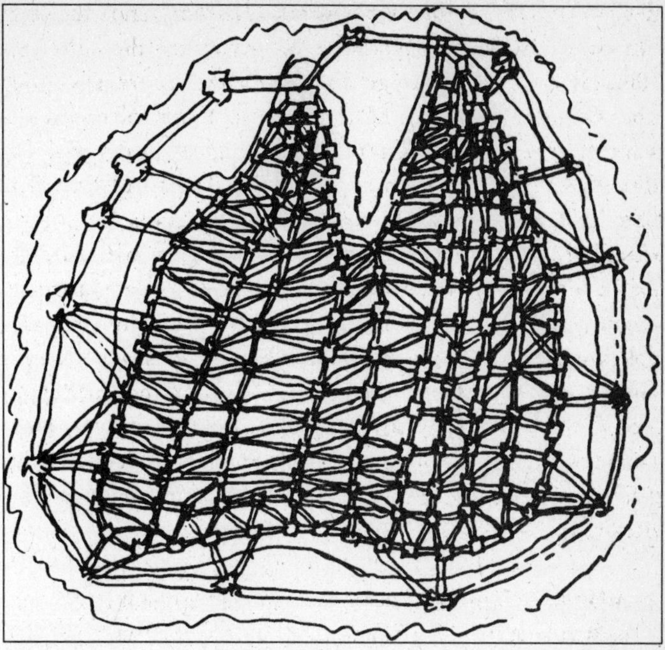

Abb. 8: Die Karte des mythischen Australiens nach David Mowaljarlai. Die angedeuteten Felder repräsentieren Geschichten. Und die Linien, die diese Geschichten verbinden, sind Kommunikationspfade zwischen den verschiedenen Volksgruppen. So gesehen ist Australien nicht eine »Landmasse«, sondern ein »Geschichts-Körper«.

Adambara, die Spinne, für die Menschen wünsche. Die Debatte gewann schließlich Artapudapuda, und die beiden gingen jeder ihrer Wege. Nach einer Weile bemerkte Artapudapuda, daß seine Verwandten starben und daß er sie nicht mehr wiedersehen würde. Darüber war er sehr bestürzt. Er war über die Entscheidung, die er getroffen hatte, beschämt und versteckte sich unter der Rinde eines Wida-Baumes [River Red Gum]. Adambara andererseits wußte, er hatte das Beste für die Yura versucht, und war nicht beschämt. Und so blieb er draußen im Freien. Artapudapuda dagegen versteckt sich heute noch unter der Rinde eines Wida-Baumes, während Adambara immer irgendwo im Freien gesehen werden kann.

Hier finden wir eine höchst individuelle metaphysische Antwort der Aborigines auf beobachtbare Phänomene. Es ist deutlich, daß dieser Mythos die Aborigines veranlaßt, sich mit Themen, wie Tod, Auferstehung und spiritueller Sehnsucht, eine körperliche Form nach dem Tode zu bewahren, in einer sehr anschaulichen Weise auseinanderzusetzen, wie es alle anerkannten religiösen Lehren der Welt tun. Die Auferstehung am dritten Tag ist eine übliche Metapher, die viele religiöse Schulen benutzen, um auf das spirituelle Leben, das ohne die Last des physischen Körpers nach dem Tode folgt, aufmerksam zu machen.

Der Mythos stellte gleichzeitig zwei Naturschöpfungen in einer Weise zusammen, in der die behandelte Problematik hervorgehoben wird, so daß sie sowohl intellektuell als auch spirituell erfaßt werden kann. Wie Annie Coulhard, eine Adnyamathanha-Frau, bemerkte: »Wann immer ein Yura starb, pflegte unsere Mutter uns daran zu erinnern, wie Adambara zu Artapudapuda sagte: ›Laß ihn vom Tode auferstehen.‹ Aber Artapudapuda antwortete: ›Nein, laß ihn da liegen, bis er verwest.‹«

Eine solche Erklärung macht es ziemlich einfach für ein Kind, metaphysische Informationen aufzunehmen und mit seinem ganzen Sein zu akzeptieren. Wenn der Körper schon nicht aufersteht, dann gibt es zumindest als Alternative den spirituellen Aufstieg. Der Vorteil dieses Mythos besteht darin, zwei Insekten zu Trägern metaphysischer Glaubensanschauungen zu machen. Adambara, die Spinne, die im Freien lebt, steht für die offene lichte Seite der spirituellen Transformation. Artapudapuda andererseits repräsentiert – wegen seiner verschlossenen Natur und seiner Neigung, sich unter der Rinde zu verstecken – den dunklen, mehr materiellen Aspekt der Welt und letztlich auch die einsamere Perspektive, wenn es darum geht, sich buchstäblich die körperliche Transformation nach dem Tode zu wünschen.

Adambaras Vorstellung, daß alle Verstorbenen in ein Netz gewickelt werden sollen, welches eine Türe hat, die sich nach drei Tagen öffnet, ist Vorbild von Bestattungsbräuchen, die bis heute noch vielerorts Gültigkeit haben. Die meisten Volksgruppen nehmen an, daß der Geist den Verstorbenen drei Tage nach seinem Tode schließlich verläßt. Die Aborigines halten stets nach einem Zeichen Ausschau, durch das der Geist seine außerkörperliche Reise nach Vukarnaawi, dem Land der Toten, das auf der anderen Seite des Ozeans liegt, ankündigt. Das wird gewöhnlich in Form eines kleinen Loches am Kopfende eines Grabes zu verstehen gegeben.

Von größerer Bedeutung ist vielleicht, daß der Mythos das Vertrauen der Aborigines in ihre Beobachtungen stärkt, die ihre metaphysischen Erkenntnisse vertiefen. Indem sie auf die Enge der Logik und Rationalisierung verzichten, sind sie imstande, Dinge herauszufinden, die durch übliche Sichtweisen in einer derart differenzierten Form nicht entdeckt werden könnten. Die Idee von einem uranfänglichen paradiesischen Lebensstadium und die Vorstellung, der Geist mache eine Heilungsperiode durch, aus der er dann auftaucht, »wie ein Schmetterling aus seinem Kokon«, um eine Existenz in einer lichteren Sphäre zu führen, ist eine tiefgehende Aussage über den Zustand der Seele nach dem Tode. Dies beinhaltet auch eine besondere sensitive Einsicht in das Leben nach dem Tode. Daß die Spinne ein Netz im Freien webt, soll dieses Wissen, das die enge Beziehung zwischen Natur und der visionären Sichtweise der Aborigines hervorhebt, widerspiegeln. Auch das kriechende Insekt mit seinem verborgenen Dasein unter der Rinde rechtfertigt nicht nur seine natürlichen Gewohnheiten, sondern hebt auch die Begrenzung der körperlichen Transformation nach dem Tode hervor. Das, was jemand mit seinen Sinnen sieht oder beobachtet, wird durch eine zusätzliche metaphysische Dimension verstärkt, sobald der Mythos mit einbezogen wird. Wir sind nicht weit von Swedenborgs Lehre entfernt, wonach jede irdische Idee eine Entsprechung »im Himmel« hat.

Der Prozeß des Mythos erfüllt seine stärkste symbolische Ordnungsfunktion von Glaubensvorstellungen im Felde der Landschaft. Wie bereits erwähnt, sind die Aborigines tief mit ihrem Land verbunden. Es waren jene ursprünglich lebenden Völker, die von diesem Land ein abwechslungsreiches Bild entwickelten, das imstande war, all ihre Glaubensvorstellungen zu verkörpern. Die Landschaft wurde durch und durch mythologisiert, so daß es kaum eine Region gibt, die nicht in einen Mythos oder eine Geschichte einbezogen wurde. Die einzigen Ausnahmen bilden solche Gebiete, die von Aborigines – vermutlich aufgrund ihres Mangels an *Djang* oder übernatürlicher Kräfte – als »rubbisch country« (»nutzloses Land«) bezeichnet werden. Wenn ihre Schöpfungsgeschichten in der Regel auch keine großen dramatischen Ereignisse aufweisen, wie wir sie gewöhnlich in Mythen vorfinden, so ermöglichen sie es den Aborigines dennoch, ihr Land in einen sinnvollen Deutungszusammenhang zu stellen. Sie betrachten ihr Land jedenfalls nicht als leblose, tote Materie. Die Abdrücke, die die Himmelshelden während der Traumzeit hinterließen, vermitteln den Aborigines ein Gefühl der Kontinuität, sobald diese in der physischen Realität der Landschaft wiedererkannt werden. Der Schöpfungsmythos, der sich auf das Fluß-System rund um den Lake Frome in Südaustralien bezieht, ist typisch für viele Mythen, die über die Erschaffung von Naturformationen berichten:

Vor langer Zeit gab es eine Schlange (die Regenbogenschlange), die Akurra genannt wurde und hoch oben in der Hügelkette lebte. Da er (auch in diesem Mythos ist die Regenbogenschlange männlich) durstig war, wanderte er hinunter zum Lake Frome, um von dem Wasser zu trinken. Er trank eine Menge Salzwasser aus dem See. Um genau zu sein – er trank den See leer.

Von dem vielen Salzwasser, das Akurra trank, blähte sich sein Bauch auf und wurde schwer. Als er mühevoll zu seiner Wohnstatt aufwärts kroch, schuf sein gewichtiger Körper eine große Schlucht. An all den vielen Plätzen in der Schlucht, wo er unterwegs zur Anhöhe rastete, schuf er Wasserlöcher. Das erste dieser Wasserlöcher war »Akurrula Awi«. Er kroch weiter aufwärts und höhlte dabei die Schlucht aus, bis er nach Nuldanuldanha kam. Hier schlug er sein Lager auf und machte ein anderes großes Wasserloch. Von da setzte er seine Reise fort nach »Valivalinha« und schuf ein weiteres Wasserloch. Das nächste wichtige Wasserloch, das er erzeugte, war »Adlyu Vundhu Awi«.

Von hier schleppte er sich zum »Mainwater Pound« und setzte den Aufstieg entlang des Bachbettes fort, bis er »Yaki Awi« erreichte. Hier hielt er inne. Das ist der Ort, wo er für den Rest seines Lebens blieb – und er lebt noch heute an dieser Stelle.

Er kommt noch oft aus dem Yaki-Wasserloch heraus und macht rumpelnde Geräusche. Dann liegt er da und badet sich in der Sonne. Und während ihn die Sonne erwärmt, kommen laute Geräusche aus seinem Bauch, die aus weiter Entfernung zu hören sind.

Diese Geschichte ist eine anschauliche Aufzählung über die Erschaffung aller wichtigen Wasserlöcher zwischen Lake Frome und Mainwater Pound. Es ist kein Mythos, der von einer abwechslungsreichen Handlung berichtet, doch es werden dabei wesentliche Landmarken lokalisiert und registriert. Und wenn es im Bauch der Großen Schlange rumort, wird damit auf die periodischen Erdbewegungen entlang der Verwerfungslinie hingewiesen. Dieser Mythos pflanzt der Landschaft eine sichtbare Metapher der Großen Schlange ein, deren massiver, serpentinenartiger Körper sich in der Schöpfungsphase über das Land erstreckte. Akurras weitere Reise nimmt teilweise traurige Verwandlungsformen an. Der folgende dazugehörende Mythos spiegelt Glaubensvorstellungen und Erfahrungen mit einem überlagernden Geschichtsmaterial wider, das bereits die Begegnung mit Europäern mit einbezieht:

> Akurra lagerte am Akurra Vadnhi [Mount Fitton]. Er stand auf und ging hinunter zur Talk-Mine, wo er starb. Während Akurra tot dalag, lief sein Fett in flüssiger Form aus seinem Körper. Dieses Fett verrottete. Nun nehmen die White Fellows [Europäer] Akurras Fett und machen viel Geld damit. Es waren Yura, die ihnen die Große Geschichte zeigten.

Diese Geschichte offenbart ein tiefes Gefühl der Desillusion und Enttäuschung über die Geschehnisse. Die abschließende Bemerkung weist darauf hin, daß Akurras Fett von Europäern zum Schaden der Aborigines ausgebeutet wurde. Das Talkum wurde abgebaut, ohne die traditionellen »Eigentümer« dafür zu entschädigen. So wurde diese »Große Geschichte« nur für »eine Seite ökonomisch wertvoll«. Daß Akurras Welten-Schöpfungsreise mißbraucht wurde, gab den Aborigines Anlaß, den Verlust geheimen Wissens zu beklagen.

Andere dramatische Mythen-Zyklen verleihen dem Land größere majestätische Bedeutung. Jene, die mit Uluru (Ayers Rock) in Verbindung stehen, zählen zu den spannungsreichsten von ganz Australien. Große Schlachten, Heldentum und Opferbringung zählen zu jenen Ereignissen, die von den Pitjantjara-Aborigines tiefbewegt erzählt werden.

Im Vordergrund steht vor allem die Konfrontation zwischen den Liru, den Giftschlangen-Menschen, und den Kunia, dem Teppichschlangen-Volk. Dieser Mythos berichtet über die Erschaffung vieler Grundzüge an der südlichen Felsseite Ulurus, vor allem über die Mutitjilda-Schlucht, wo Wanambi, die Regenbogenschlange, wohnt. Die folgende Geschichte berichtet über die Entstehung Ulurus:

> Die Teilung des Felsens in zwei mythische Hälften bringt die Bedeutung der Sonnenaufgangsseite und der Sonnenuntergangsseite hervor. Djindalagul, die Sonnenseite, und Wumbuluru, die Schattenseite, trennen Uluru in zwei große mythische Zyklen, die beide vom zentralen Schöpfungsmythos inspiriert werden. Wir müssen jedoch verstehen, daß es zur Zeit, als diese Traumereignisse stattfanden, Uluru noch gar nicht in seiner heutigen Form gab. In der weiten flachen Ausdehnung waren das Uluru-Wasserloch und die Mutitjilda-Quelle, in der Wanambi lebt, die einzigen erkennbaren Merkmale in der Landschaft. Die Sonnen- und Schattenseiten stehen jeweils für das Territorium einer Gruppe von Himmelshelden. Die Mala, das Hare-Wallaby-Volk, lebten auf der Sonnenseite und die Kunia, die Teppichschlangen-Menschen, auf der Schattenseite. Zur Zeit des Traums lebten diese beiden Volksgruppen in relativer Harmonie, zufrieden damit, Djindalagul, die lichte Seite, und Wumbuluru, die dunkle Seite, zu bewohnen.
>
> Weit entfernt im Westen, in den Petermann Ranges, lebten die Windulka, das Mulgasamen-Volk. Nachdem sie die Entscheidung getroffen hatten, die Initiation ihrer jungen Leute vorzunehmen, baten sie Panpanpalana, den Glocken-

vogel, über die gesamte Region zu fliegen und ihre Nachbarn einzuladen. Diese Einladung wurde vom Kunia-Volk mit Freude angenommen. Sie waren entschlossen, in den Westen, zu den Petermann Ranges zu reisen. Das Mala-Volk dagegen war selbst gerade dabei, seine eigenen Initiations-Zeremonien vorzubereiten, und sie waren nicht bereit, diese Reise zu unternehmen. Außerdem waren sie nicht gewillt, Kedrun, ihr besonders wertvolles Adlerjunges, den Windulka zu geben, die dessen Federflaum für ihren Körperschmuck verwenden wollten.

Inzwischen waren die Kunia bereits auf dem Weg gen Westen, und sie schlugen ihr erstes Nachtlager am Uluru-Wasserloch auf [nun ein tiefes Wassersammelbecken auf dem Uluru-Gipfel], wo sie einer Gruppe von »Sleepy-Lizard-Women« [Schläfrigen Echsenfrauen] begegneten. Als sie sich in die Echsendamen verliebten, entschlossen sich die Kunia, die Einladung des Mulgasamen-Volkes zu ignorieren und statt dessen sich mit den Sleepy-Lizard-Frauen rund um die Mutitjilda-Quelle niederzulassen.

Tief in den Petermann Ranges warteten die Mulgasamen-Leute auf ihre Gäste. Nachdem nach mehreren Tagen immer noch kein Zeichen des Eintreffens der Gäste zu sehen war, beauftragten sie Panpanpalana, den Glockenvogel, zu Uluru zurückzukehren, um herauszufinden, was geschehen war. Als der Glockenvogel die Mala und Kunia an ihre Verpflichtung erinnerte, den Zeremonien der Windulka beizuwohnen, wurden ihm nur Ausreden entgegengehalten. Die Kunia entschuldigten sich damit, daß sie erst kürzlich geheiratet hätten, während sich die Mala eher unhöflich und patzig darauf beriefen, mit ihrer eigenen Initiations-Zeremonie beschäftigt zu sein.

Als der Glockenvogel zu den Mulgasamen-Leuten zurückkehrte, waren diese über die mitgebrachten Botschaf-

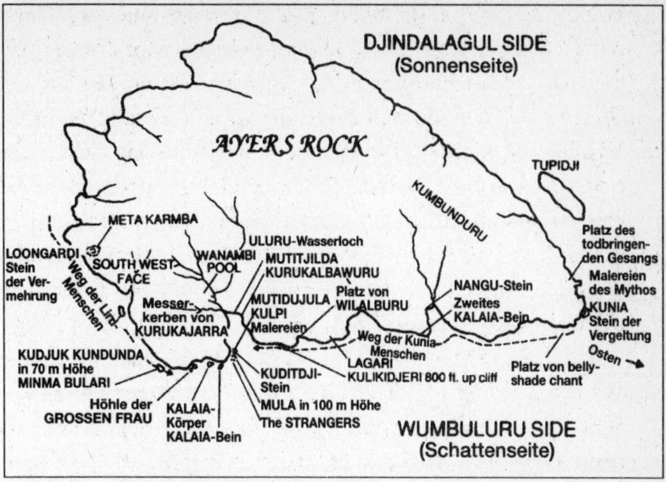

Abb. 9: Der mythische Plan von Uluru zeigt nach den Angaben von Pitjantjara-Aborigines die bedeutenden Plätze in der Auseinandersetzung rund um Mutijilda. (Von Bill Harney, *Ayers Rock and Beyond*)

ten verärgert. Diesen Mangel an Gefälligkeit von seiten der Menschen, die sie bisher als Freunde betrachtet hatten, empfanden sie als grobe Beleidigung. Ihre Weigerung, an den Ritualen in den Petermann Ranges teilzunehmen, signalisierte den Beginn eines Konflikts, dessen Auswirkungen bis heute noch erhalten sind. Die Älteren des Mulgasamen-Volkes entschieden, daß beide Völker, die Mala und die Kunia, bestraft werden müßten. Und sie inszenierten ihre Anordnung in einer äußerst ungewöhnlichen Art.

Zunächst entschieden die *Megikar*, die »Clever-Men« [Schamanen] des Mulgasamen-Volkes, Kulpunya, einen teuflischen Dingo, zu erschaffen. Dann legten die Clever-Men am Boden ein Skelettgerüst aus, wozu sie Mulgazweige, gegabelte Stöcke und Frauenhaar benutzten. An einem Skelettende plazierten sie Zähne eines Wallaby und am anderen den Schwanz eines Nasenbeutlers. Den Rest des Tages sangen die Clever-Men bestimmte Verse, um den teuflischen Geist ins Leben zu rufen. Bei Sonnenuntergang ließen sie Kulpunya allein, wissend, daß sich sein Geist in der Finsternis voll entfalten würde. Bis zum Morgen waren Kulpunya bereits lange große Zähne gewachsen, und seine Füße hatten Form angenommen. Der haarlose Kulpunya war bösartiger in seiner Art als jedes Krokodil. Der Teufelshund war nun fertig, um die Mala anzugreifen und zu zerstören.

Kulpunya erreichte Uluru, während jedermann seinen Nachmittagsschlaf hielt. Nur Lorin, die alte Eisvogel-Frau, war wach geblieben. Ihre warnenden Rufe wurden jedoch durch den Teufelshund erstickt, der sie bedrohte und schließlich auch tötete. Dann attackierte er die Mala, und viele kamen dabei ums Leben. Jenen, denen es gelang zu überleben, flohen verwirrt gen Südwesten, um niemals mehr zurückzukehren. So wurden sie durch Kulpunya auf Befehl der Mulgasamen-Männer von Uluru vertrieben. Ihre Lebensform, die bis dahin nur Licht und Rituale kannte, war zerstört. Ihre vollkommene Welt der Gnade und ritueller Initiationen, deren Symbol Kedrun, das Adlerjunge, gewesen war, hatte sich in eine sterbende Welt verwandelt.

Aber die Mulgasamen-Männer hoben ihre größte Bestrafung für das Kunia-Volk auf. Sie holten ihre Freunde, die Liru, die Giftschlangen-Menschen, herbei und eine Bande von Himmelshelden, die bei den Katatjuta [den Olgas] lebten, und baten sie, die Kunia zu vernichten. Unter ihrem Anführer Kulikitjeri näherten sich die Liru Uluru vom Südwesten her, um die Kunia, die von dem jungen Krieger Ungata geführt wurden, herauszufordern. Darauf erfolgte bei der Mutitjilda-Quelle eine große Schlacht. Speere wurden geworfen. Auf dem Höhepunkt der Schlacht gebar Bulari Minma [Minma bedeutet »verheiratete Frau«] in einer nahen Höhle ein Kind. Während sie es unter Mühe zur Welt brachte, bekämpften sich Kulikitjeri und Ungata. Obwohl Kulikitjeri am Kopf schwer verletzt war, gelang es ihm, Ungata eine tiefe Wunde am Bein zuzufügen. Der junge Kunia-Krieger zog sich in die Mutitjilda-Schlucht zurück, wo er infolge des großen Blutverlusts starb.

Durch den Tod ihres Anführers demoralisiert, zogen sich die Kunia Richtung Osten zurück. Erst als Ingridi, Ungatas Mutter, vom Tode ihres Sohnes erfuhr, schwor sie, Rache zu nehmen. Schnell holte sie ihren Grabstock hervor und spuckte »Arukwita«, eine mystische Substanz, darauf. Dann betrat sie das Schlachtfeld und hielt nach Kulikitjeri Ausschau, um ihn zu töten. Mit der Kraft von Arukwita machte der Grabstock Ingridi unsichtbar. Dadurch war Kulikitjeri unfähig, ihre Angriffe abzuwehren, und bald darauf verlor er in diesem Kampf seine Nase und starb. Sein Tod gab den Kunia in dieser Schlacht neue Hoffnung, und schnell vereinten sie sich wieder und holten zum Gegenangriff aus. Doch einer der Liru-Männer, der erkannte, daß sie vertrieben wurden, und aus reiner Frustration über den Tod ihres Anführers, entschloß sich, die Sleepy-Lizard-Frauen in ihrem Lager zu überfallen. Schließlich hatten sie großen Anteil an dem ganzen Zerwürfnis, und er legte Feuer in ihrem Lager.

Das Niederbrennen des Lagers der Sleepy-Lizard-Frauen setzte dem Kampf ein Ende. Die Kunia hoben ihren toten Führer auf und zogen sich Richtung Osten zurück. Der Tod ihres Führers rief einen solchen Schmerz unter den Kunia hervor, daß sie sich um ihn herum versammelten und sich selbst zu Tode sangen. Ihr Massenselbstmord, die Invasion der Liru und die Attacke des Teufelshundes gegen die Mala – all das zusammen verursachte im Erdinneren eine solch massive Bewegung, daß sich schließlich daraus –

aus der Asche des niedergebrannten Lagers der Sleepy-Lizard-Frauen – Uluru hervorhob, um dem Land ein Monument über die Ereignisse der Traumzeit zu setzen.

Wenn auch der Geist der Mala und Kunia durch die Attacken der Mulgasamen-Männer gebrochen sein mag, so sind doch all ihre Handlungen ein Teil von Uluru geworden.

Es scheint aus dieser Geschichte deutlich hervorzugehen, daß die Sonnenseite von Uluru einen paradiesischen Zustand zur Zeit des Traums widerspiegelt. Die Mala lebten in einem Land der Fülle, und sie kümmerten sich nur um ihre Zeremonien, ohne sich um die Welt außerhalb ihres eigenen Lebensraums Gedanken zu machen. Sie ignorierten die Ansuchen jener Menschen, die im Westen – in Richtung Sonnenuntergang – lebten und um ihren Beistand in rituellen Angelegenheiten baten. Sie waren zufrieden mit ihrer eigenen Welt und blieben unberührt von den Bedürfnissen jener, die weniger Glück besaßen. Das Ergebnis war die Erzeugung von Kulpunya, dem teuflischen Hund. Streit und Zwist wurde ihnen gesandt, um sie aus ihrer Selbstzufriedenheit zu erwecken. Ihr Hochmut gegenüber den Mulgasamen-Männern endete mit ihrer Vertreibung aus Djindalagul, der Sonnenseite Ulurus, dem Land ursprünglicher Glückseligkeit. Sie waren von nun an zu einem heimatlosen Leben verdammt, weit entfernt von ihrem Ursprung.

Über keine andere Landschaft Australiens gibt es derartige epische Beschreibungen über das Zusammentreffen verschiedener Himmelshelden. Auf der Schattenseite Ulurus fochten die Helden der Traumzeit eine Schlacht, die an den trojanischen Krieg erinnert oder an die Konfrontation zwischen Arjuna und Karna in der *Bhagavad Gita*. Kulikitjeri gegen Ungata, Achilles gegen Hektor – diese gegensätzlichen Paare konfrontieren einander seit Äonen.

Die Sleppy-Lizard-Frauen finden ihre Entsprechung in Helena, die den Krieg zwischen Griechen und Trojanern entfesselte. Hekubas Trauer über den Tod ihres Sohnes Hektor ähnelt Ingridis Schmerz. Ob es sich um die trojanische Geschichte oder die Mahabharata handelt – diese Erzählungen drehen sich immer um Tragödien und Triumph. Epen verkünden stets Sieg über den Tod, berichten über mutige Heldentaten und bringen schließlich die Verherrlichung der Helden zum Ausdruck. Die Kunia, die ihren Passionen stets ergeben waren, wurden in der Schlacht von Mutitjilda von den kriegerischen Liru besiegt, die selbst nur als loyale Vertreter jener Männer handelten, die für die Unverletzlichkeit von Zeremonien und Ritualen einstanden. Dieser mystische Zyklus ist in Uluru, dem Felsen, gespeichert. In der Mutitjilda-Schlucht ist die Schlacht zwischen den Liru und Kunia an den verschiedenen topographischen Merkmalen noch immer ablesbar. An den Felslöchern hoch oben auf Uluru verblutete Ungata. Das Regenwasser, das diese Löcher heutzutage füllt und die Schlucht abwärts fließt in jenes Wasserloch, wo Wanambi, die Große Schlange, lebt, wird als das verwandelte Blut des sterbenden Helden Ungata betrachtet. Hoch oben auf dem Felshang stellen einige dunkle Flecken den roten Ocker dar, den Ingridi nach der Besiegung von Kulikitjeri benutzte, um ihren Körper – als Zeichen der Trauer – damit zu beschmieren. Weiter unten sind weiße Flecken zu sehen, die durch Arukwita, die mysteriöse Substanz, verursacht worden ist. Kulikitjeris abgespaltene Nase liegt am Grunde der Schlucht. Auf der östlichen Felsseite stellen drei vertikale Spalten die Wunden dar, die Ungata seinem Herausforderer Kulikitjeri zugefügt hatte. Eine lange Höhle in der Nähe stellt den Schoß von Bulari Minma, der »verheirateten Frau«, dar, die hier ein Kind gebar. Dieses liegt nun als großer Stein am Eingang der Höhle.

Mythos und Landschaft

Uluru ist ein komplexes Netzwerk mythischer Motive, die sich miteinander als topographische Charakteristiken vermengen. Für die meisten Aborigines in ganz Australien ist Uluru der wirkliche Nabel der Welt. Bedeutender ist jedoch, daß der Kontinent wie ein gigantischer menschenähnlicher Körper gesehen wird, mit dem alle Aborigines vertraut sind.

David Mowaljarlai zufolge war es in der Zeit, bevor Aborigines mit Europäern Kontakt hatten, üblich, ihr Wissen entlang der unzähligen Handelsrouten, die das Land kreuzten, miteinander auszutauschen:

> Der gesamte Körper Australiens ist »Bandaiyan«. Die Vorderseite nennen wir »Wadi«, das ist die Bauchseite, da der Kontinent flach auf seinem Rücken liegt. So ragt er aus der Oberfläche des Ozeans hervor. Tief darunter befindet sich »Wambalma«, das Gesäß, von dem die Oberschenkel in das Becken und zur anderen Seite übergehen. Im Inneren des Körpers befindet sich »Wunggud« [Ungud], die Schlange, die die Natur repräsentiert. Die Seitenbereiche sind »Ungu Djullu«, die Rippen. Dieser Teil erstreckt sich über das ganze Land, das über dem Nabel liegt. Und dieser Nabel ist Uluru – das Zentrum, das »Wangigit« genannt wird.
>
> Der Teil unter dem Nabel ist »Wambut«, das Schambein. Da gibt es »Njambut«, den weiblichen Teil, und »Ambut«, den männlichen Teil. Und ganz oben befindet sich »Ulangun«, der Kopf des Körpers: Dazu gehören Cape York, Arnhem Land, die Kimberleys, Bathurst und die Melville-Inseln. Und unter dem Golf von Carpentaria liegen die Lungen, »Wumangnalla« genannt.

Daß die Erde auf diese Weise einer menschlichen Form zugeordnet wird, gilt oft als Hinweis auf ein frühes Stadium intellektueller Entwicklung. Man geht davon aus, daß Menschen, die noch keine Schrift kannten, darum bemüht waren, sich mit ihrem Land in einer physiologischen oder psychologischen Entsprechung ihres Selbst zu identifizieren. Doch was David Mowaljarlai vermittelt, erinnert an Gustav Fechner, der seine mystische Sichtweise Ende des 19. Jahrhunderts über eine ähnliche Wahrnehmung der Erde, die er als »Engel« betrachtete, folgendermaßen zum Ausdruck brachte:

> An einem wunderschönen Frühlingsmorgen wanderte ich im Freien. Der Weizen war grün und wuchs, die Vögel sangen, der Tau glitzerte und der Morgennebel stieg auf. Ein verklärtes Licht lag über allem. Das war nur ein winziger Teil der Erde, und doch – der Gedanke erschien mir nicht nur wunderschön, sondern ebenso wahr und offensichtlich, daß sie ein Engel war, ein Engel so kostbar, so frisch, einer Blüte gleich und gleichzeitig so fest und gelassen, sich durch den Himmel bewegend ... –, daß ich mich fragte, wie es möglich war, daß Menschen so blind geworden sind, daß sie die Erde als nichts anderes sehen als eine trocken gewordene Masse.

Daraus ist ersichtlich, daß die Kunst des Mythos seine eigenen Kriterien besitzt, wie die Welt gesehen werden sollte. Daß die Landschaft als »Knochen« der Mythen der Aborigines dient, legt eine neue Sichtweise über die Erde nahe. Dies beinhaltet eine metaphysische Struktur der Erde, die ihre materielle Begrenzung transzendiert und so als symbolisches Bild in die Gedankenwelt der Menschen Eingang findet.

Diese metaphysische Struktur sah Gustav Fechner als »Engel«. Aborigines betrachten diese Qualität der Erden-

Weisheit, die am Göttlichen teilhat, als *Djang*. Sie gehen davon aus, daß wenn wir diese Kraft ignorieren, wir damit auch die Transformationsfähigkeit des einzelnen ignorieren. Dies ist das gleiche, wie wenn wir die Erde nur in ihrer materiellen passiven Beschaffenheit sehen, um aus Selbstsucht in die Falle zu gehen, die die Ausbeutung der Erde mit sich bringt.

Die Mythen verkörpern für Aborigines bedeutsamste Wirklichkeiten. Wenn diese verlorengehen, wird ihre Kultur sterben. Sprache, Mythos und Landschaft sind eng in einem dichten Gewebe metaphysischer Möglichkeiten miteinander verknüpft. Wird nur ein Element daraus entfernt – zum Beispiel dann, wenn Aborigines das Recht auf ihr Land als Eigentümer verwehrt wird oder wenn darauf bestanden wird, daß sie zu Ungunsten ihrer eigenen Sprache Englisch lernen müssen –, kann ihre Wirklichkeit derart zerstört werden, daß sie sich selbst zu vernichten beginnen. In einigen Regionen von Queensland, wo die Regierung den Volksgruppen ihren rechtmäßigen Landanspruch verweigert hatte, stieg beispielsweise die Selbstmordrate und wurde die höchste der Welt. Alkoholismus, Krankheiten und Desillusionierung sind Symptome der Selbstzerstörung, mit der die Aborigines seit langem konfrontiert sind. Und in manchen Fällen kommt es zur unwiderruflichen Trennung von ihrem mythischen Dasein. Ohne Zugang zu ihrem Land gibt es keinen Zugang zu ihrem Mythos durch Ritual oder Zeremonie.

Die Sprache des Mythos bemüht sich darum, die gewöhnliche Realität von den Ereignissen der Traumzeit zu trennen. Das erlaubt den Aborigines, sich frei im Bereich der zur Seele des Universums gehörenden Imagination zu bewegen. Dadurch wird deutlich, daß der Traum gerade dies repräsentiert: eine höchste Zwischenwelt archetypischer Bilder, die an der Offenbarung teilhaben. Der Kontakt zwischen Aborigines und Himmelshelden wird permanent durch Mythen hergestellt, während die Miteinbeziehung der Landschaft den ganzen Prozeß vollkommen macht. Aber die Landschaft allein ist der Schlüssel, um die verschleierte Natur des Traums zu verstehen. Deshalb ist die Landschaft die wahre Sprache des Mythos. Worte sind nur Beifügungen wie Lieder und Zeremonien. Um dies wirklich zu begreifen, muß man die Erde ehren. Die Aborigines verweisen uns darauf, daß wir lernen müssen, die Landschaft so zu deuten, daß sie uns ihre innewohnende Macht – ihren Engel, ihr Djang – offenbart. Dies ist die eine Lektion, die wir zu lernen bereit sein müssen, bevor es zu spät ist.

6.
Clever-Men und ihre Träume

In allen traditionell lebenden Volksgruppen muß es eine Person geben, in der sich die uranfängliche, spirituelle Sehnsucht der Menschen zentriert. Ohne die charismatische Präsenz einer solchen Person, die als Hüter des überlieferten, magischen Wissens wirkt und hinter der der Rest der Gemeinschaft – aus einer Notwendigkeit heraus – steht, ist es für keine Kultur möglich, lange zu überleben. Bei den großen angesehenen Glaubensgemeinschaften hat eine solche Stellung ein Priester, ein Mönch, ein Mufti oder Brahmane inne. Rund um diese Person herrscht eine gewisse Aura – eine Aura, die aus Respekt und Unverletzlichkeit geboren wird. Diese Männer sind für die Riten verantwortlich, sie sind Heiler der menschlichen Seele und werden oft gerufen, um Wunderheilungen zu vollziehen. Aus diesem Grunde werden sie gewöhnlich von den anderen verehrt, aber manchmal auch gefürchtet. In dieser ambivalenten Situation bewohnen sie zwei Welten – jene der Geistwesen und jene der Menschen. Doch ihrer Rolle obliegt es, diese beiden Welten zusammenzubringen, zum Segen beider Seiten. Die Harmonie des »Himmels« ist ihnen so wichtig wie das Wohlbefinden individueller Seelen. Bei den Aborigines werden diese Personen, die derartige Stellungen in ihrer Gemeinschaft einnehmen, *Karadji* oder *Mekigar* genannt. Ihre allgemeine englische Bezeichnung lautet »clever-men«. Jeder Stamm hat einen anderen Namen für sie. Die Wuradjeri nannten eine solche Person *Wiri:nan,* was »mächtiger Mann« oder auch *Bug:nja,* was Geist des Wirbelwindes bedeutet; von ihm wird gesagt, sein geistiges Selbst reise in einem Wirbelwind. Er wurde ebenso als *walemira* betrachtet, was klug bedeutet, aber nicht nur im üblichen Sinne, sondern auch im geistig-intellektuellen Sinn. Manchmal wurde er *Walemira talmai* genannt, das heißt »einer, dem Wissen weitergegeben wurde«. In fast allen Fällen wurde anerkannt, daß seine Kraft von seinen Vorfahren abstamme und damit auch vom Traum selbst.

Die Siedler des 19. Jahrhunderts dagegen betrachteten eine solche Person als einen Scharlatan oder Lumpen, der mit bestimmten Tricks oder Drohungen die Angst der Menschen ausnutzt, um seinen Status im Stamm zu erhalten. Wann immer sie einen Stamm unter Kontrolle bringen wollten, war der Clever-Men der erste, den sie in Verruf zu bringen versuchten. Auch Missionare waren schnell dabei, ihn von den anderen zu isolieren, um selbst dessen Position zu übernehmen, um die Seelen der Aborigines Christus zuzuführen. In den ersten Jahren der Begegnung mit Europäern sah sich der *Karadji* als vorrangiges Ziel ihres Angriffes und Spottes. Sie bemühten sich, zu zeigen, daß seine »Medizin« unwirksam ist, um seinen Einfluß auf den Stamm zu schwächen. Indem sie die Samen des Zweifels und Mißtrauens gegen seine Macht ausstreuten, stand sein Untergang bereits fest und war nur noch eine Frage der Zeit. Ein Informant, der das Verschwinden der *Clever-Men* aus seiner Gesellschaft bedauerte, sagte: »Wir haben keine alten Männer wie diese mehr. Es gibt sie einfach nicht mehr, und wir kennen nicht ihre Geheimnisse.« Diese Geheimnisse hatten medizinisches und metaphysisches Wissen umfaßt.

Schulung der Novizen

Auch wenn die Bedingungen, ein *Karadji* zu werden, von Stamm zu Stamm unterschiedlich waren, so waren die grundlegenden Voraussetzungen dennoch gleich. Ein Mann, der ein Clever-Man werden wollte, wurde entweder von den Iruntarinia- oder Oruncha-Geistwesen gerufen, oder er wurde durch die Kunst eines anderen *Karadji* eingeweiht. Im ersten Fall unterwarf sich ein Mann der Initiation, die er meist direkt auf Befehl der geistigen Traumzeit-Wesen erhielt. Als eine Reinkarnation eines Vorfahren war ein Iruntarinia – für die Zeit der Initiation – fähig, einen Menschen zu einem leeren Gefäß zu machen (d. h. aus sich selbst »herauszuholen«), damit er als *Karadji* neu geboren werden konnte. Im allgemeinen wurde ein *Karadji*-Anwärter als jemand betrachtet, der in seinem Benehmen und Auftreten anders war als die anderen Mitglieder seiner Stammesgemeinschaft. Er war jemand, der bereit war, schmerzvolle Initiationen zu durchleben.

Unter den Volksgruppen der zentralen Wüstenregion war es üblich, daß ein Mann – sobald er fühlte, daß er fähig war, ein *Karadji* zu werden, das Lager allein verließ und so lange herumwanderte, bis er zum Eingang einer Höhle kam. Hier legte er sich zum Schlafen nieder, oder er fiel in Trance. Er war dabei sehr bedacht, nicht das Innere der Höhle zu betreten, denn das hätte bedeutet, zu schnell nach der Kraft verlangen zu wollen, und dann hätte er für immer den Verstand verlieren können. In der Dämmerung wurde er von einem Iruntarinia besucht, der daran ging, seinen Nacken mit einem Speer zu durchbohren. Es hieß, dieser Speer durchbohrte auch seine Zunge, wobei ein Loch zurückblieb, das groß genug war, einen Finger hindurchzustecken. Diese Narbe blieb ihm ein Leben lang. Der Iruntarinia warf einen zweiten Speer, der den Kopf des Mannes von einem Ohr zum anderen durchdrang und seinen »Tod« verursachte. Das »Opfer« wurde schließlich in die Höhle getragen, wo sich ihm ein Land von fortwährendem Sonnenschein und fließendem Wasser offenbarte. Hier wurde er einer großen Operation unterworfen, bei der seine Körperorgane entfernt und durch neue ersetzt wurden. Als er aus dem Trancezustand erwachte und in das Leben zurückkehrte, war er nicht mehr der gleiche Mensch wie zuvor. In diesem veränderten Zustand, der seine Entwicklung anzeigte, durchlebte der Mann eine Periode des Wahns. Erst nachdem er sich vollkommen regeneriert hatte, entschied sich der Iruntarinia, ihn zu seinem Stamm zurückzubringen. Man sagt, nur andere *Karadji* oder Hunde hätten die Fähigkeit, den Iruntarinia neben dem neu gewordenen *Karadji* zu sehen. Für die anderen Mitglieder des Stammes bleibt er unsichtbar.

Ein Iruntarinia beeinflußt auch die Clever-Man-Initiation des Wuradjeri-Volkes. Nachdem ein Clever-Man-Anwärter von einem praktizierenden *Karadji* entsprechende Instruktionen verlangt hat, erhält er ein untergeordnetes Totem, »Bala« genannt, das in ihn »hineingesungen« wird. Dieses Totem kann nur durch Rezitation bestimmter Verse während einer Periode ritueller Konzentration oder Meditation, die der *Karadji*-Anwärter durchmacht, freigelassen werden. Einige Jahre nach diesem Ereignis erhält er von seinem Vater oder dem Vater seines Vaters die Mitteilung, daß der *Große Baiame* ihm anvertraut hat, daß er bereit sei, ihn zu treffen. Bei einem bestimmten Zusammentreffen, bei dem mehrere Clever-Men zugegen sind, erscheint *Baiame*. Er kann von anderen Personen dadurch unterschieden werden, daß von seinen Augen ein strahlendes Licht ausgeht und aus seinem Mund »Gali«, heiliges Wasser, hervorfließt, das als flüssiger Quarzkristall betrachtet wird. Es heißt, daß diese Flüssigkeit auf den Anwärter überströmt und in ihn eindringt. Dies bewirkt den Wuchs von Federn, die sich dann – in der Vorbereitung für den ersten Flug in Gesellschaft des All-Vaters – in Flügel verwandeln. Später »singt« *Baiame* ein Stück Quarzkristall in seinen Kopf, damit er die Fähigkeit zur Hellsichtigkeit erlangt. Des weiteren holt *Baiame* aus seinem eigenen Körper »Wi:meju«, ein heiliges Feuer, hervor und singt es in die Brust des Novizen. Dann werden seine Flügel entfernt, und es wird ihm erlaubt, zu seinen Hütern zurückzukehren. Im letzten Ritus wird in den *Karadji*-Anwärter »Maulwe«, eine dicke Kraftschnur, auch Luftseil genannt, hineingesungen, das später bei magischen Praktiken benutzt wird. Nun ist der Mann ein voll erwachsener Clever-Man oder Arzt geworden.

Der Tradition nach ging *Baiame* von »Kating-ngara«, »der anderen Seite des Ozeans«, gen Westen. In ihm ruht alle Kraft, spirituelle wie magische. Bevor die Europäer kamen, war er immer unter den Menschen – und das seit sehr langer Zeit. Die Ankunft der Europäer führte dazu, daß *Baiame* in seine Heimat Kating-ngara zurückkehrte. Danach kam er nur zeitweilig zurück, um Clever-Man-Initiationen beizuwohnen. Auf diese Weise erhielten diese Männer ihre Kraft von *Baiame* selbst. Er allein »machte« einen *Karadji* und ermahnte ihn, sich nicht mit anderen Clever-Men zu messen. Gegeneinander zu kämpfen würde das Ansehen aller Clever-Men verringern. Wer diese Mahnung beherzigte, wurde ein Abbild *Baiames* auf Erden.

In einer Variation der Clever-Man-Zeremonie hieß es, daß der Novize in einem Tunnel zu einem fremden Land hinabstieg. Dieses Land war Kating-ngara. Bei seiner Ankunft faßte *Baiame* ihn um die Taille, setzte ihn auf seinen Kopf und wanderte so mit ihm zu seiner Höhle. Hier setzte er ihn zu Boden und sah ihn mit einem durchdringenden Blick an. Und während er in sein Wesen hineinsah, fragte er: »Wurdest du zu einem Mann gemacht?« Worauf der *Karadji*-Bewerber bejahte. Daraufhin fragte *Baiame:* »Wurdest du von deinem Vater vorbereitet, um meine Kraft und mein Wissen zu empfangen?« Und der Mann antwortete wieder mit »Ja«. *Baiame* reagierte darauf mit den Worten: »Dann ist alles in Ordnung, und ich werde mich deiner annehmen.«

Drei Tage lang dauerte ihre Begegnung. In dieser Zeit wurde der Novize »wieder zu einem Mann gemacht«. *Baiame* sang den Quarzkristall in ihn hinein und ließ die heilige Flamme in seine Brust eindringen. Auch in diesem Falle leerte *Baiame* Gali, das heilige Wasser, über dem Mann aus, und dem Mann wuchsen Federn. Nachdem er alles von *Baiame* erfahren hatte, was zu wissen war, wurde er durch den Geist informiert, daß er nun soweit sei, um zu seinen Leuten zurückzukehren.

Bei den Dieri-Aborigines am Rande der Sturts-Stony-Wüste in Zentralaustralien wurde ein Clever-Man-Anwärter durch einen *Gungi* (Clever-Man), der rituell geschmückt war, in den Busch mitgenommen. Hier durchlebte er eine Phase der Abgeschiedenheit und Meditation. Als er das Lager verließ, trauerten seine Eltern um ihn, als wäre er gestorben. Von nun an begann für ihn eine Zeit der Trance, in der ihn der Geist besuchte, um seinen Menschenverstand gegen einen *Gungi*-Verstand auszutauschen. Kraftvolle Geschenke wurden ihm dann verliehen, die er für magische Handlungen verwenden konnte. Als *Karadji* wiedergeboren, besaß er nun in seinem Bauch einen Schlangen-Geist und war fähig, mittels einer Haarschnur in die Himmelswelt zu fliegen, wo er von einem Wasser trinken konnte, das ihm Kraft gab.

Erhält jedoch ein Novize seine Initiation direkt durch einen Clever-Man seines Stammes, wird er strenger getestet. Er wird an einen abgeschiedenen Ort gebracht, und es wird zum Beispiel von ihm verlangt, daß er mit seinen Händen hinter dem Kopf still stehenbleibt, egal, was passiert. Dann zieht der *Ka-*

radji aus seinem eigenen Körper eine Anzahl kleiner Quarzkristalle heraus, die er einen nach dem anderen in die Vertiefung einer Speerschleuder legt. Dann ergreifen andere den Clever-Man-Anwärter von hinten, und die Kristalle werden in seinen Körper hineingedrückt, von den Beinen aufwärts bis zur Brust. Kristalle werden auch unter einen Fingernagel gepreßt. Das verursacht blutende Wunden, und auch an seiner Zunge wird ein Eingriff vorgenommen. Dann werden Kristalle aus Entfernung in den Kopf des Mannes projiziert. Eine solche Prozedur dauert drei Tage lang. Schließlich wird sein ganzer Körper mit Fett eingerieben, und ein bestimmtes Muster, das mit dem Oruncha-Geist in Verbindung steht, wird auf seine Stirn und Brust gemalt. Dann wird sein Kopf mit einer Blätterkrone und einem Tierfell geschmückt. Er darf so lange nicht sprechen, bis die Wunde seiner Zunge verheilt ist. Er muß darauf verzichten, Fett zu essen und darf auch das Fleisch eines Hundes, Fisches oder Ameisenigels nicht anrühren. Er kann das Mark von Knochen essen, aber nur, wenn sie noch ganz sind.

Auch wenn das Ritual der *Karadji*-Einweihung von Stamm zu Stamm verschieden ist, der wesentliche Inhalt ist gleich. Quarzkristalle, die die Kraft des All-Vaters repräsentieren, sind dabei fast immer von Bedeutung und bilden die Grundlage der rituellen Taufe. Die Erwerbung des »heiligen Feuers« durch den All-Vater und die ungebrochene Verbindung mit ihm durch das Luftseil erinnert ihn stets daran, woher seine Kraft kommt. Das ermöglicht auch den Trancezustand und die Trennung vom eigenen Ich. Der ganze Sinn der Initiation ist, den »alten Mann« zu begraben, damit der »neue Mann« geboren werden kann. Die symbolische Entfernung der inneren Organe bringt diese Transformation zum Ausdruck. Die Verwendung von Federn ist allgemein ein beliebtes Mittel, um eine spirituelle Transformation zu versinnbildlichen. Auch

Plato (in *Phaidros*) erwähnte: »Ein Mann, der die Schönheit der Welt erblickt, wird an Wahrheit und Schönheit erinnert, und seine Flügel beginnen zu wachsen.«

Welche Techniken auch immer ein Clever-Man-Anwärter von seinen Lehrern lernen mag, sie gewährleisten die Erhaltung der notwendigen Distanz zwischen einem *Karadji* und den anderen Mitgliedern des Stammes. Gewisse psychische Kräfte müssen sich in ihm konzentrieren, will er Krankheiten heilen, spirituelle oder psychische Störungen in Ordnung bringen, magische Praktiken durchführen und generell als Priester des Stammes funktionieren. Die erhabene gewichtige Atmosphäre, die rund um sein Auftreten herrscht, stärkt seine Autorität, so daß er seinen Beruf zweckmäßig erfüllen kann.

Besondere Qualitäten

Nach Auskunft eines Informanten konnte man einen Clever-Man stets an seinem außergewöhnlichen weisen Blick erkennen. R.M. Berndt bemerkte, daß die »Großen Männer« von einer besonderen Atmosphäre umgeben waren, die anderen Menschen das Gefühl gab, anders zu sein. Die psychische Kraft eines *Karadji* sowie sein Wissen über spirituelle, magische und sakrale Überlieferungen trennten ihn von seinen Zeitgenossen. A.P. Elkin erinnerte sich an einen Clever-Man, den er einmal getroffen hatte; er schilderte ihn als einen Menschen, dessen unbewegliches Gesicht scharfsinnig wirkte und dessen Augen durchdringend waren – Augen, die durch ihn total hindurchsahen. Dieser Mann war eine ganz besondere Person, ein klarer Denker, ein Mann, der Entscheidungen zu treffen gewohnt war, ein religiöser Mann, einer, der die Kraft besaß, anderen Menschen Glauben an sich selbst zu geben. Alles deutet darauf hin, daß diese Männer mit einem einzigartigen kraftvollen Charakter ausgestattet waren, der sie befähigte, als Priester und Arzt des Stammes zu handeln. Selbstdisziplin, dem hartes Training vorausging, befähigte solche Männer, mit mächtigen spirituellen und psychologischen Kräften in Kontakt zu treten, zum Nutzen des gesamten Stammes.

Ein anderer Weg, einen *Karadji* zu machen, ist der der Mumifikation. Die symbolische Entfernung der Unterleibs- und Bauchorgane des Anwärters entweder durch die Oruncha-Wesen oder durch einen Clever-Man-Helfer aus seinem Stamm gibt zu verstehen, daß der Aspirant als ein höheres menschliches Wesen erhalten werden soll. Seine neuen Organe bedeuten für ihn ein neues Leben, in Übereinstimmung mit seinem veränderten Status. Mit anderen Worten, ein *Karadji* wird ein neuer Mann, einer, der anders ist, eine Person, dessen einziger Sinn es von nun an ist, seiner Gemeinschaft zu dienen, indem er seine magischen Techniken, die der Tradition seines Berufsstandes entsprechen, anwendet. Sein veränderter Zustand wird außerdem der Begegnung mit *Baiame* »im Himmel« oder dem Glauben, daß er seine Kraft von der Regenbogenschlange verliehen bekommen hat, zugeschrieben. Quarzkristalle und Geist-Schlangen schaffen ein heiliges Band mit der jenseitigen Welt. Ein Informant, der in einem Traum oder einer Vision die Vorstellung hatte, »von seinem Vater an einer Schnur in das Lager des All-Vaters jenseits des Himmels gezogen zu werden«, traf dort *Daramulum* (eine Entsprechung *Baiames*). »Er war ein sehr alter Mann in einer knienden Position; von seinen beiden Schultern ragte jeweils ein Kristall einem Himmel entgegen, der sich sozusagen über jenem Himmel befindet, der von der Erde aus zu sehen ist.«

Die mystische Kraft eines Clever-Man war auch abhängig von der Einhaltung bestimmter Ernährungstabus. Unter den zentralaustralischen Stämmen durfte zum Beispiel ein *Karadji* kein Fleisch eines Känguruhs essen, von dem er wußte, daß es sich von frischem grünen Gras ernährte. Er sollte kein Fett zu sich nehmen, kein warmes Fleisch essen und keinen Rauch einatmen, der von verbrannten Knochen stammte. Solche Tabus ermahnten einen *Karadji* stets, sich seines besonderen Status innerhalb seines Stammes zu erinnern. Auch andere müssen sehen, daß er anders lebt als andere in seiner Gemeinschaft, will er von ihnen als »Priester«, als ein Mann von hohem Status, respektiert werden.

Auch die psychische Kraft eines *Karadji* ist Legende. A.P. Elkin glaubt, daß die Stille und Einsamkeit des Busches die Meditation und sensiblen Wahrnehmungen erleichtern oder die telepathischen und hellsichtigen Fähigkeiten der Clever-Men bewirken. In allen darüber aufgezeichneten Geschichten wird über die besondere Fähigkeit dieser Menschen berichtet; so können sie zum Beispiel mittels Telepathie über große Entfernungen hinweg mit anderen Menschen »sprechen«. Wie Telepathie funktioniert, erfuhr R.M. Berndt von einem Aborigine aus der Lower-Murray-River-Region, der solche Fähigkeit besaß. Dessen aufgezeichnete Schilderung gab er in einem Brief an A.P. Elkin weiter:

> Wenn ein Mann sich unten in der Ebene befindet und ich oben am Hügel bin, sehe ich in seine Richtung, während ich »spreche«. Er »sieht« mich und dreht sich mir zu. Ich sage: »Ich höre.« Ich wende meinen Kopf von einer Seite zur anderen, während ich meine Augen fest auf ihn richte und mein Blick in ihn eindringt. Und dann, während ich mich wende, sage ich: »Komm schnell!« Und während ich ihn mit meinem Blick fixiere, sehe ich, daß er sich umdreht, da er meinen Blick spürt. Er blickt um sich, während ich weiterhin meinen Blick auf ihn richte. Und ich sage: »Gehe diesen Weg, grade hier herauf, wo ich mich befinde.« Dann geht er direkt auf mich zu, zu jenem Platz, wo ich hinter

meinem Busch sitze. Ich ziehe ihn mit meiner Kraft (miwi) heran. Da gibt es kein Handzeichen oder irgendein Rufen. Schließlich kommt er heran und stolpert beinahe über mich. Dann erst spreche ich ihn an, damit er mich sehen kann. Er sagt: »Du hast zu mir gesprochen, und ich fühlte es. Wieso konntest du so sprechen?« Ich erkläre es ihm, und er fügt hinzu: »Ich fühlte deine Worte, während du zu mir gesprochen hast, und dann fühlte ich, daß du hier an diesem Platz bist.« Ich antworte: »Das ist wahr, auf diese Weise habe ich zu dir gesprochen, und du hast diese Worte gespürt und auch deren Kraft.«

Paranormale Aktivitäten stärken die Position eines *Karadji* innerhalb seines Stammes. Clever-Men wird auch die Fähigkeit zugeschrieben, Astralreisen unternehmen zu können, wobei sie oft an einem Tag weite Entfernungen zurücklegen. Es heißt auch, daß diese Männer fähig sind, etwas weniger als einen Meter über dem Erdboden zu laufen, wobei sie von verdichteter Luft getragen werden, die sie umhüllt. Ob in Trance oder Selbsthypnose – ein Clever-Man ist offensichtlich fähig, eine Art »Betäubungszustand« zu erlangen, der seine Empfindlichkeit gegenüber dem Gewicht seines Körpers derart reduziert, daß er die Schwere nicht mehr fühlt. Auf diese Weise ist es ihm möglich, eine »leichte, angenehme Benommenheit« zu erfahren, die ihn befähigt, in einem ungewöhnlich schnellen Tempo vorwärts zu kommen.

Ein Beispiel dieser ungewöhnlichen Art zu reisen wurde A.P. Elkin folgendermaßen berichtet:

Ein Clever-Man war mit einigen anderen Aborigines auf einer Outback-Station, wo sie gemeinsam auf einer Pferdekoppel arbeiteten. Als die anderen zu ihrem Lager aufbrachen, das sich etwa vierhundert Meter entfernt befand, blieb er noch in der Koppel zurück und sagte zu den anderen, er würde sie schon einholen. Als sie ihr Lager erreichten, saß der Clever-Man bereits da und schnitzte Bumerangs, so, als ob er nicht noch vor kurzem an einem anderen Ort gewesen wäre. Die anderen hatten ihn weder an ihnen vorübergehen sehen, noch gab es einen anderen versteckten Weg, an dem er an ihnen unbemerkt hätte vorbeieilen können.

Es scheint, er hatte seine Materialisation im Lager oder auch in der Pferdekoppel mit Absicht demonstriert, um seinen Arbeitskollegen seinen gesellschaftlichen Status deutlich klarzumachen. Wie auch immer, die Offenbarung einer körperlosen Reise war eine äußere Manifestation der inneren spirituellen Kraft, die diese Männer anerkannterweise besaßen. Wenn auch der eine oder andere Clever-Man sein »Können« gerne vor anderen vorzuführen wünschte – in der Regel nahm ein Clever-Man seine geistige Verpflichtung, die Meditation und Kontemplation als ein Zeichen hoher Ordnung beinhaltete, als Berufung sehr ernst.

Das heißt aber nicht, daß Clever-Men nicht gelegentlich zusammenkommen wollten, um ihre magischen Erkenntnisse auszutauschen. Sie liebten es, auf einem »Gu:te-Kiri«-Platz (heiliger Ort) entlang eines vom Westen herführenden Fußpfades zusammenzutreffen, während der Rest des Stammes an den Coorroboree-Plätzen zurückblieb. Zuerst war es üblich, daß das Geräusch eines Schwirrholzes, die Stimme *Baiames*, ertönte. Dann pflegten sie zu singen, und ihre Gesänge führten einen meditativen, tranceähnlichen Zustand herbei, der die magischen Handlungen unterstützte. Während sie auf ihrem Rücken unter einem Baum lagen, mochten die Clever-Men ihre »Buru:maulwe« (Hodenfäden) »heraussingen«, die den bereits erwähnten Luftschnüren entsprachen. So wie eine

Spinne ihre Fäden zieht, waren sie fähig, Armlänge um Armlänge auf dem »Seil« aufwärts zu klettern, bis sie die Baumkrone erreicht hatten. Erst wenn das Schwirrholz aufs neue ertönte, waren sie gewillt, vom Baum herabzusteigen.

Jack King, ein Aborigine aus New South Wales, erzählte von einem Clever-Men-Treffen in der Nähe von Ivanhoe im Jahre 1882, das anläßlich seiner eigenen Initiation zur Aufnahme in die Bruderschaft durchgeführt wurde. Dabei gab es eine andere magische Demonstration mit dem Luftseil, die in Verbindung mit Feuer vollzogen wurde. Jack erzählte, daß Joe Dagan, ein Clever-Man, den anderen am Abend ankündigte, daß er ihnen in dieser Nacht etwas zeigen werde, was sie vielleicht noch nie zuvor gesehen hätten:

> Wir alle kamen zu dem heiligen Grund, und der alte Mann machte ein großes Feuer – ein sehr großes Feuer. Dann sagte Dagan: »Ihr Leute, setzt euch rund um das Feuer und beobachtet es.«
>
> Die ganze Gruppe der Männer saß rund um das Feuer und starrte hinein. Dann entfernte sich Dagan ein wenig von dem Feuer und legte sich in voller Länge auf die Höhe eines gerodeten, sanften Abhangs, der bis hinunter zum Feuerplatz führte. Langsam rollte er abwärts, dem Feuer entgegen. Er rollte zwischen den anderen Männern, die ihm Platz machten, hindurch und direkt in das Feuer hinein. Als er darin war, wälzte er sich herum und gab das Geräusch »fi:fi:fi« von sich, wobei sich die Glut in jede Richtung ausbreitete. Wir alle starrten ihn in dem Feuer an. Nach einer Weile stand er auf, verließ das Feuer und gesellte sich zu uns. Die europäischen Kleider, die er trug, waren unversehrt, gerade so, als wäre er niemals im Feuer gewesen. Da war aber kein Zweifel, daß er durch das Feuer gegangen war, da alle anwesenden Männer es mit ihren eigenen Augen gesehen hatten.

Dann ging Dagan zu dem Stamm eines nahen großen Baumes und begann, diesen Baum in einer ganz besonderen Art aufwärts zu steigen. Während ihn alle Männer beobachteten, legte er sich nieder, seine Beine weit gespreizt über dem Boden. Dann sang er so vor sich hin, daß niemand die Worte verstehen konnte – und sein Maulwe-Faden kam langsam aus seinem Hoden hervor und richtete sich direkt aufwärts. Er kletterte auf diesem Faden in die Höhe und erreichte die Krone des Baumes, wo sich – etwa dreieinhalb Meter über dem Boden – ein Nest befand. Während er sich aufwärts bewegt, verharrte er in der gleichen Position – den Körper ausgestreckt, Kopf zurück und die Beine gespreizt, die Arme an der Seite, während er seinen Faden heraussang.

Aus den Schilderungen dieser Ereignisse geht offensichtlich hervor, daß wir hier etwas über gewisse paranormale Praktiken bezüglich eines spirituellen Aufstiegs und geistiger Erneuerung erfahren. Ein in den Himmel ragendes Seil oder einen Baum zu erklettern ist allgemein bei religiösen Praktiken nichts Ungewöhnliches. Homer erklärt in der *Ilias*, wie Zeus, ein goldenes Seil vom Himmel haltend, alle Götter und Göttinnen verspottet, als sie versuchen, ihn vom Himmel zu ziehen: »Ihr werdet niemals Zeus, den höchsten Meister, vom Himmel zu Boden ziehen, wie sehr ihr euch auch anstrengt. Aber wenn ich mich bemühe, fest an dem Ende zu ziehen, könnte ich euch heraufholen – die Erde und alles, was darauf ist.«

Plato verwendet ein ähnliches Bild, um die Struktur des Universums zu erklären, wenn er von einem Licht spricht, »das sich von oben über den Himmel zur Erde erstreckt, ein Licht, gerade wie eine Säule und einem Regenbogen ähnlich, aber heller und reiner«. (Der Staat)

Die »Goldene Kette« von Zeus verwendet auch der Pseudo-Dionysius Areopagita *(Von den Namen zum Unnennbaren)* als ein Symbol für Gebete:

> Laßt uns durch unsere Gebete danach streben, uns selbst zur Höhe des Göttlichen und der mildtätigen Lichtstrahlen zu erheben. Es ist, als würden wir nach einer unendlichen hellen Kette greifen, die von der Höhe des Himmels hängt und zu uns herabsinkt, während wir im Gegenzug versuchen würden, sie Armlänge um Armlänge herabzuziehen. Wir hätten dabei den Eindruck, daß wir sie herunterholen könnten, aber in Wahrheit würden unsere Anstrengungen nicht ausreichen, sie zu bewegen, sie wäre als ungeteilte Ganzheit von der Höhe bis zum Boden präsent, und wir sind diejenigen, die sich erheben würden zum höchsten Glanz einer hell leuchtenden Vollkommenheit.

Es ist bezeichnend, daß in Indien die Sonne als kosmischer Weber gesehen und oft mit einer Spinne verglichen wird. In der *Shatapatha Brahmana* finden wir oft die Wiederholung, daß »die Sonne diese Welten durch einen Faden zusammenhält«. In der *Mundoko Upanishad* gibt es einen ähnlichen Vergleich: »Gerade wie eine Spinne sich vorwärts- und zurückbewegt, so wird alles in dieser Welt aus dem Unvergänglichen geboren.« Des weiteren wird Gott in der *Bhagavad Gita* als der Eine gesehen, der die Welt »webt«. Sowohl die kosmologische Schöpfung als auch der Kosmos selbst werden durch den Akt des Webens versinnbildlicht. Da Auflösung und Unverbundenheit mit »Nicht-sein« gleichgesetzt werden, muß der Integration in das Eine gebührende Hochachtung zukommen. Diese Sichtweise kommt am besten durch das Bild von Faden, Spinne, Netz und Weben zum Ausdruck. Das Spinnennetz versinnbildlicht die Vereinigung des Raumes aus einem göttlichen Zentrum heraus.

Das Luftseil, das zum Himmel aufsteigt, ist ein anderes wichtiges Symbol, das die kosmische Ausdehnung zum Ausdruck bringt: »Kapra, kennst du den Faden, durch den diese Welt und die andere Welt und alle Lebewesen miteinander verbunden sind? Derjenige, der den Faden kennt und seine Macht, derjenige kennt Brahman ... der kennt alle Dinge.« *(Brihadaranyaka Upanishad)*

Eine tibetische Tradition beschreibt, wie Buddha über eine Treppe vom Himmel herunterkam, um den Weg für die Spezies der Menschen freizumachen. Und es heißt, daß der erste König von Tibet an einem Seil vom Himmel herabkam und zurückkehrte, bevor das Seil durchschnitten wurde. Das Luftseil zum Himmel war folglich eine Widerspiegelung des himmlischen Ursprungs des Menschen, bevor ein katastrophales Ereignis die kosmische Struktur veränderte. Heutzutage sind nur noch Magier und Clever-Men fähig, mit Hilfe eines »Seiles« himmelwärts zu steigen.

Die Vermischung der Motive von Spinne und Luftseil unter den Clever-Men der Aborigines – als eine Widerspieglung »himmlischer« Begegnung – weist darauf hin, daß sie sich sehr wohl ihrer metaphysischen Bedeutung bewußt waren. Gegen Ende des 19. Jahrhunderts scheinen allerdings viele der spirituellen Elemente in Verbindung mit diesen Riten verlorengegangen zu sein. Dennoch – wenn Jack Kings Zeugnis Glauben geschenkt werden kann, so waren Clever-Men zu seiner Zeit noch zu außergewöhnlichen magischen Taten fähig. Der Akt, durch ein Feuer zu rollen und auf einem Luftseil in die Höhe zu klettern, weist darauf hin, daß sich die Clever-Men sehr wohl bewußt waren, daß die Darbietung ihrer paranormalen Fähigkeiten – ähnlich jener der indischen Fakire – für Zuseher eine Offenbarung mystischen Wissens darstellte. Joe Dagan wollte mit seiner die normale Sinneserfahrung übersteigenden Fähigkeit seine Zeitgenossen auf besondere Erkenntnisse hinweisen, die auch für andere zugänglich waren. Ihm war in der Tat die ursprüngliche Verbindung des Menschen mit *Baiame*, dem All-Vater, dem Einen, welcher ihm primär seine Fähigkeiten verlieh, vertraut.

Kranke zu heilen, Geister auszutreiben, herauszufinden, wer für den plötzlichen Tod eines Stammesmitgliedes verantwortlich war, rituelle Bestrafungen, Jagdzauber, Heilmagie und Regenmachen – das alles gehörte zum Aufgabenbereich eines Clever-Man. Es scheint, daß ein *Karadji* bestimmte Anlagen hatte, um auf einzigartige Weise Energie zu transformieren. In der modernen Ausdrucksweise bedeutet das, daß er gewisse psychologische Techniken meisterte, wie zum Beispiel Hypnose, Gruppenhypnose oder Trance, womit er den Geist anderer Menschen unter Kontrolle zu bringen vermochte. Doch ein solcher Standpunkt setzt voraus, daß er seine Stellung nur dazu benutzte, um mit magischen Anwendungen andere zu beherrschen. Meine eigenen Forschungen weisen auf das Gegenteil hin.

Die wesentlichen Aufgaben eines Clever-Man waren spirituelle Heilungen und die Beilegung von durch permanente Isolierung verursachten Spannungen innerhalb des Stammes sowie die Bestätigung der Realität der Anderswelt, des Traums, und dessen metaphysische Bedeutung in bezug auf das Überleben der Menschen. Es war auch die Aufgabe des *Karadji*, von Zeit zu Zeit nach Kating-ngara, dem Land von *Baiame*, zu »fliegen«, um die kosmische Verbindung mit dem All-Vater stets aufs neue herzustellen.

Der Akt der Vermittlung zwischen dem geistigen Reich und der alltäglichen physischen Realität ist für Aborigines außerordentlich wichtig. Die totemistische Identität und die mythische Assoziation ermöglichen ihm eine kontinuierliche Verbindung mit dem Traum. Das hilft ihm, nicht nur seine Kultur anzuerkennen, sondern auch sein Wohlbefinden zu stärken. Da die kulturellen Werte Teil seiner selbst sind, besteht meistens keine Notwendigkeit, ihre Wichtigkeit im Plan aller Dinge in Frage zu stellen. Die Präsenz des Clever-Man innerhalb einer Gemeinschaft erfüllt hauptsächlich den Zweck, an jene Kraft zu erinnern, die alles durchdringt. Ihm allein obliegt es, ein Gefühl von mystischem Anderssein in jenen zu erwecken, die ihn als geistigen Führer betrachten. In Kulturen, die nur mündliche Überlieferung kennen, wird großer Wert darauf gelegt, daß bestimmte Mitglieder ihrer Gemeinschaft spirituelles Wissen hüten und weitergeben. Diese Personen erlangen ihren Status aufgrund ihres Wissens – ein Wissen, das sie mit neu Initiierten, die ihre Prüfungen bestanden haben, teilen.

Auf diese Weise wird das Wissen ohne Unterbrechung von einer Generation an die nächste weitergegeben. Des weiteren steigert die Vereinigung von Vergangenheit und Gegenwart eine Art Kontinuität, die den Aborigines das Gefühl vermittelt, zu wissen, wo sie hingehören. Auch zu wissen, daß der *Karadji* gewisse Dinge weiß und Zugang zur magischen Ordnung hat, gestattet es den anderen, alle möglichen kulturellen und sozialen Gegebenheiten herauszufinden, sofern sie danach verlangen. Egal, was sie tun – ob sie Jäger, Tänzer, Waffenhersteller oder Sänger sind –, sie können sich unbesorgt fühlen, da sie die Gewißheit haben, daß ihr Kontakt mit der geistigen Welt in der Hand eines Fachmanns liegt.

Doch unglücklicherweise wurde im 20. Jahrhundert die vertraute Verbindung zwischen dem *Karadji* und seiner Gemeinschaft gestört. Und da es nur noch wenige Clever-Men gibt, ist die Weitergabe ihres Wissens weitgehend zurückgegangen. Die moderne medizinische Versorgung und soziale Unterstützung von seiten der Regierung haben die Verantwortung für die Gemeinschaft, die einst in den Händen jener weisen Personen lag, übernommen. Ihr Verschwinden aus der kulturellen Szene hat ganz gewiß Narben hinterlassen. Bei vielen Volksgruppen herrscht eine irritierende kulturelle Leere. Auch wenn sie noch viele ihrer Geschichten, Lieder und Mythen kennen, Tänze ausführen und an Beerdigungsritualen teilnehmen, ist ihnen die tiefere Bedeutung ihrer Kultur doch fremd geworden. Die jüngeren Männer haben nicht mehr das Verlangen, das Wissen ihrer Väter zu erlernen, da sie glauben, daß sie der Vergangenheit angehören. Die wenigen *Karadji*, die es noch gibt, sehen – angesichts einer unsicheren Zukunft – ihren Status als Stammespriester schwinden. Die Sonne geht langsam in ihrer Welt unter – einer Welt voller Mysterien und Weisheiten, die einst das metaphysische Fundament ihrer alten Kultur gewesen ist. Der Clever-Man war das Vorbild des spirituellen Menschen, der Mönch, den wir in unserer neueren Kultur als Besonderheit betrachten. Sein außergewöhnliches Wissen über die geistige Welt befähigte ihn, die metaphysische Wirklichkeit in einer Art zu deuten, die anderen Mitgliedern seines Stammes verschlossen war. Wenn es auch an der Oberfläche den Anschein gehabt haben mochte, daß seine »Trickkiste« nicht mehr enthielt als psychologische Gerissenheit, so geht eine solche Auslegung an der sehr tiefen Auswirkung vorbei, die seine magischen Kenntnisse auf seine »Empfänger« hatten. Bedeutender erscheint seine Rolle als Arzt, die er aufgrund seiner Heilungsfähigkeiten ausübte. Wichtig war vor allem seine Funktion innerhalb seiner Gemeinschaft, wahrnehmbare Wirklichkeiten zu transzendieren und dementsprechend anderen die große Wichtigkeit des Traums als spirituelles Ereignis nahezubringen. Kein anderer war derart eng mit den Früchten der Meditation verbunden wie der *Karadji*. Er allein war fähig, mit den Himmelshelden zu sprechen und ihre zeitlosen Botschaften zu überbringen, so daß die anderen daraus Nutzen ziehen und ein Leben im »Licht« verbringen konnten.

A.P. Elkin brachte auf beredte Weise das Verhältnis zwischen einem Clever-Man und der Welt mit folgenden Worten zum Ausdruck:

> Es wird geglaubt, daß »diese Welt« die Lebensquelle aller Menschen und der gesamten Natur ist und daß alle initiierten Männer mit der Urquelle verbunden sind. Aber nur Männer von hohem geistigen Rang, Männer, die durch spezielle Initiationen in die Welt des Himmels und der Erde aufgenommen wurden – nur diese Männer können jene Kraft anwenden, um Tod zu verhüten, Leben wiederherzustellen, die Seele wieder auf den rechten Weg zu bringen, sich mit Verstorbenen zu unterhalten und um im richtigen Maß das Funktionieren des menschlichen Geistes zu verstehen.

Clever-Men sind in der Tat »Spinnen«, die fähig sind, aus der Unordnung und disparaten Wirklichkeit heraus, die uns manchmal in bedrohlicher Weise aufzuzehren scheint, zusammenhängende Muster zu weben. Es wird sich zeigen, ob die Tradition der *Karadji* letztendlich – trotz des Drucks der modernen Welt – überleben und sich erneuern wird. Wenn nicht, dann wird sich die Aborigine-Kultur in großem Maße ihrer Kraft beraubt sehen und nur noch Geschichte sein – ein anthropologisches nostalgisches Relikt, nicht mehr lebendige Wirklichkeit.

7.
Sakrale Liebe

Die Vorstellung, daß sexuelle Beziehungen in einer Gemeinschaft uranfängliche Zustände widerspiegeln, ist dem Glauben der Aborigines nicht fremd. Zumindest bis zu Beginn dieses Jahrhunderts hatten Aborigines eine Form sexueller Gruppenbeziehung praktiziert, die mit dem Begriff »sakrale Liebe« beschrieben werden kann. Wie nahe sie diesem Brauch standen, der im sozialen Gefüge der modernen Gesellschaft verschwand, bleibt ungewiß. Tatsache ist, daß das Praktizieren sexueller Gruppenaktivitäten lange Zeit mit Ritual und Festlichkeit in Zusammenhang stand, wie beispielsweise bei den Bacchanalien oder Saturnalien im alten Rom. Im Falle der Aborigines hat eine Person, die in einem Netzwerk bestimmter Verwandtschaftsverhältnisse, »mada-mala«, eingebunden ist, außerhalb der festgelegten Grenzen wenig Aussicht auf freie sexuelle Beziehungen. Da Verlobungen, den Verwandtschaftsbeziehungen entsprechend, bereits in sehr jungen Jahren geschlossen werden, ist die sexuelle Erfahrung der Jungen und Mädchen größtenteils eine heimliche Angelegenheit, die außerhalb der Sichtweite der Älteren stattfindet. Solch ein Tun wird aber weder als Schande noch als Sünde betrachtet.

Sexualität und Brauchtum

Die körperliche Anziehung ist jungen Frauen und Männern wichtig. Sie sind sehr darum bemüht, rein und ordentlich zu erscheinen, und benutzen Körperverzierungen, um ihr Äußeres stärker zur Geltung zu bringen. Regelmäßige Waschungen werden als Zeichen der Jugend betrachtet. Über einen jungen Yirrkalla-Mann, der so unter Arbeitsdruck stand, daß er nicht dazu kam, sich einige Tage lang zu waschen, sagten die anderen, wenn er sich nicht bald waschen würde, würde er als einer betrachtet werden, der alt und unattraktiv für seine Frau werden wird. Und seine besorgte Bemerkung dazu war: »Sie wird bald mit einem anderen ein Verhältnis haben.« Das Schönheitsideal richtet sich oft nach dem Vorbild bestimmter Ahnenfrauen und -männer, die zur Zeit des Traums gelebt haben und die später im spirituellen und rituellen Bereich inspirierend wirkten. Ein Beispiel eines mythischen Schönheitsideals hat Ronald Berndt aufgezeichnet:

> Es heißt, daß die Muna-Muna, die Töchter von Kunapipi, der Großen Stammes-Mutter, von großer Schönheit waren. Sie hatten lange kupferfarbene Haare, und ihre Haut war hellbraun. Sie hatten feste Körper mit vollen runden Brüsten, hervorstehende dunkle Brustwarzen, sanft gerundete Hüften, eine aufrechte Körperhaltung, einen flachen Bauch, schmale Fußgelenke und Waden, sanfte braune Augen mit langen Wimpern, bebende Nasenflügel und einen leicht geöffneten Mund.

Das war in der Tat ein Schönheitsmodell, mit dem sich eine junge Frau zu identifizieren vermochte.

Bei den Aborigines beginnen sexuelle Beziehungen bereits in sehr jungen Jahren. Beide Seiten sind sich zum Zeitpunkt ihrer Heirat ihrer Verpflichtung voll bewußt. Vor- und außereheliche Beziehungen werden zwar regelmäßig praktiziert, allerdings nur innerhalb traditionell akzeptierter Verhaltensregeln. Sexuelle und emotionale Zufriedenheit ist den Aborigines wichtig. Die Beseitigung von Mißbehagen und Hemmungen wird vorsichtig gelenkt, um ungebändigte Unruhe, Streitigkeiten oder Kämpfe innerhalb der Lebensgemeinschaft zu vermeiden. Unkontrollierte Promiskuität, die in der Tradition der Aborigines unerlaubt ist, wird mit Mißfallen betrachtet. Alle legalen sexuellen Aktivitäten werden entsprechend den Verwandtschaftsbeziehungen in beschränkte Bahnen gelenkt, um Inzest zwischen Bruder und Schwester, Mutter und Sohn und Vater und Tochter zu vermeiden. Nur unter besonderen Bedingungen können »falsche Ehen« erlaubt werden, indem auf bestimmte Mythen oder Geschichten, die von Inzest und verbotenen Beziehungen handeln, zurückgegriffen wird. Solch verbotene Ehen werden »Wadji« genannt und sind dort nicht selten, wo in größeren Gemeinschaften untergliederte Blutsverwandtschaftsgruppierungen vorkommen.

So können im Laufe einer Ehe die Partner – jeder seinen eigenen Neigungen entsprechend und mit voller gegenseitiger Kenntnis – sexuelle Beziehungen mit anderen klassenzugehörigen Ehemännern oder -frauen eingehen. Ein solches Verhalten wird hier weder als ehebrecherisch betrachtet, noch schwächt es notwendigerweise eine glückliche Eheverbindung. Nur in seltenen Fällen haben legale außereheliche Beziehungen von Eltern Einfluß auf das Empfinden ihrer Kinder oder verursachen familiäre Instabilität. Allerdings – übermäßiger oder wahlloser Geschlechtsverkehr kann auf die Stabilität der Ehe einwirken. Um die allgemeine Harmonie zu bewahren, wird danach getrachtet, Affären nicht in auffallender Weise zu zeigen und Verabredungen im geheimen abzuhalten. Daraus ist zu schließen, daß Eifersucht wohl vorkommen kann, aber im allgemeinen nicht in dem Ausmaß, wie es in Gesellschaften mit einer strikt monogamen Eheauffassung der Fall ist.

Über die polygame Ehe bei Aborigines ist wenig bekannt. Diese Eheform ist noch heute in der zentralen Region Australiens nicht selten. Bis zu fünf Frauen kann ein Mann heiraten, bei manchen Stämmen wurde sogar von etwa zwanzig Frauen berichtet. Eine polygame Ehe ist nicht mehr gleichbedeutend mit der Vorrechtstellung eines starken Mannes oder einem ungewöhnlichen Prestige, aber für gewöhnlich ist sie das Ergebnis persönlicher Bevorzugung. Ziemlich oft wurden Frauen nach dem Tod eines Bruders oder Onkels an einen anderen Mann »weitergegeben«, oder einem Mann wurden mehrere Frauen versprochen. Solche Ehen sind in der Regel recht glücklich, und alles in allem gibt es wenig Rivalität oder Eifersucht zwischen den Frauen. Jeder Aborigine wünscht sich, verheiratet zu sein. Die Ehe wird allgemein angestrebt. Witwen werden nach dem Tode ihres Mannes schnell in eine akzeptierte Blutsverwandtschaftsehe mit aufgenommen. Selbst alte Männer, die keine Frau mehr haben, werden als wunderlich oder nicht sexy betrachtet, oder es werden ihnen abnormale Tendenzen nachgesagt, wenn sie nicht verheiratet sind.

Der Status einer Frau ist aber nicht davon abhängig, ob sie allein oder verheiratet ist. Ihr sind wie ihrem männlichen Partner große sexuelle Freiheiten innerhalb der traditionellen Verwandtschaftsstrukturen erlaubt. Sie wird weder Eigentum ihres Mannes, noch ist sie wirtschaftlich von ihm abhängig. Ihr Status in der Gemeinschaft richtet sich nach ihrer Fruchtbarkeit, ein Status, der von Männern ganz klar anerkannt wird. Das kommt vor allem bei Fruchtbarkeitsritualen und -zeremonien zur Geltung. Wir müssen uns vor Augen halten, daß das sexuelle Verhalten der Aborigines – ausgenommen wahllose Beziehungen – durch den Mythos, auf dem das soziale Verhalten basiert, gutgeheißen wird. Die großen Taten der Himmelshelden und mythischer Wesen kreieren die Verhaltensmuster, die auch für das sexuelle Verhalten maßgebend sind.

Unter den Aranda-Gruppen in Zentralaustralien ist es üblich, daß ein Mädchen, wenn es das heiratsfähige Alter erreicht hat, einer rituellen Operation unterzogen wird, die »Atna-ariltha-kuma« genannt wird. Die Beschneidungszeremonie ähnelt der Beschneidung der Jungen. Der Eingriff wird von einem Stammesmitglied vollzogen, das rituell nicht mit ihr verbunden ist. Danach wird das Mädchen zum Zeremonienplatz geführt, wo ihr Körper mit einem Gemisch aus Fett und rotem Ocker bemalt wird. Dann wird sie in das Lager zurückgebracht. Am folgenden Tag vollzieht sie – mit der Genehmigung ihres zukünftigen Ehemannes – den Liebesakt mit jenen Männern, die die Beschneidungszeremonie durchgeführt haben. Unter normalen Umständen wäre es diesen Männern nicht gestattet, mit ihr eine sexuelle Beziehung aufzunehmen. Doch diese Tabus gelten während der Entjungferungszeremonie nicht. Daß sie vor ihrer formalen Ehe Männern zugänglich ist, für die sie normalerweise verboten ist, ist vielleicht eine Möglichkeit, die zwischenmenschlichen Spannungen, die durch sexuelle Tabus entstehen, zu mildern. Diese rituell vollzogenen Liebesakte haben in keiner Weise eine Auswirkung auf das Ansehen des Mädchens, weder als Frau noch als Mitglied des Stammes.

Prostitution in der Gemeinschaft geht mit Geschenken in Form von Tabak, Nahrung oder Kleidung einher. Auf der Goulburn-Insel ist es Brauch, daß Frauen, die in den Busch zum Jagen gehen, von jungen Männern – mit dem Einverständnis dieser Frauen – verfolgt werden. An einem bekannten Treffplatz vereinen sich die Paare, was für niemanden ein Geheimnis ist. Die jungen Männer hinterlassen dann Geschenke als Gegenleistung. Gelegentlich läßt sich eine Frau in der Anwesenheit aller mit mehreren jungen Männern hintereinander ein, oder sie nimmt jeden einzeln – nicht vor den Augen der anderen – zur Seite, bis alle befriedigt sind. Man geht dabei davon aus, daß manche Frauen nicht befriedigt sind, bevor sie nicht eine gewisse Anzahl von Männern genossen haben, und wenn ein Mann zu schnell »kommt«, können die Frauen den Geschlechtsverkehr nicht genießen. Manche Frauen stärken ihr soziales Prestige, wenn sie sich der vielen Männer rühmen, die sie in einer Nacht genommen haben: »Wie viele Männer kannst du nehmen, bevor du müde wirst?«

»Ich hatte so viele, einen nach dem anderen, und ich hätte noch mehr nehmen können – meine Oberschenkel und meine Vagina sind stark.«

Auch wenn in diesen Bemerkungen einige Übertreibungen enthalten sein mögen, so weisen sie doch auf den Stolz dieser Frauen hin, in der Kunst der Liebe bewandert zu sein, so daß ihre Partner und sie selbst soviel Vergnügen wie möglich daran haben. Athletischer Sex ist ebenso Teil der zwischenmenschlichen Beziehungen der Aborigines wie jede andere Zurschaustellung körperlicher oder zeremonieller Heldentaten.

Liebesrituale

Ihre wahren Dimensionen entfalten sexuelle Aktivitäten im Bereich ritueller oder sakraler Liebe. Hier erfahren Aborigines eine Form von tantrischem Ritus, der sie befähigt, an dem teilzuhaben, was in tantrischen Texten als »Maithuna« bezeichnet wird und was Aborigines als »maraian« (heilig) betrachten. Die *Kunapipi*-Riten im Norden Australiens sind ein besonderes Beispiel ritualisierter sexueller Aktivitäten, die der »Alten Frau« oder der »Großen Mutter« zeremoniell geweiht waren. Auch wenn der *Kunapipi*-Kult eine relativ neue religiöse Ausdrucksform ist, die angeblich durch den Kontakt mit Makassar-Händlern, die von den nördlich liegenden Inseln kamen, übernommen worden sein soll, beinhaltet er doch einen viel älteren Mythos, der mit der Regenbogenschlange assoziiert wird.

Der *Kunapipi*-Kult ist Teil eines Zeremonien-Zyklus, mit dem die wichtigsten Himmelshelden des Arnhemlandes gefeiert werden. Dazu zählen die »Waugeluk« (Wawilak)-Schwestern, die von der Regenbogenschlange verschlungen wurden, und Djanggawul, ein mythischer Held, der einen großen Penis besitzt und regelmäßig mit seinen Schwestern sexuelle Beziehungen pflegt. Dem Mythos zufolge kam Djanggawul von »Bralku«, dem Land der Toten, bevor er zur Zeit des Traums in den Nordosten des Arnhemlandes gelangte. Um das Land zu bevölkern, das er zusammen mit seinen Schwestern bereiste, griff er in den Schoß seiner Schwestern und holte unzählige Kinder beider Geschlechter hervor. Die fortwährende Schwangerschaft der Schwestern aufgrund des rituellen Inzests spiegelt das selbstschöpferische Prinzip jedes Weltenschöpfers wider – mag es in Form eines formalen Gottes oder eines mystischen Wesens sein. Wenn auch Inzest nicht wirklich praktiziert wird, gilt diese Handlung dennoch als wichtiger Akt, durch den die Welt erschaffen wurde, da nur aus der Einheit heraus Dualität entstehen kann.

Der *Kunapipi*-Kult beschäftigt sich mit zwei wichtigen Konzepten: dem der Großen Mutter, verkörpert durch den Schoß der Frau, und der männlichen Regenbogenschlange, dessen Symbol der Phallus ist. *Kunapipi* verkörpert die produktiven Qualitäten der Erde, die immerwährende Fülle, die stete Erneuerung des Tier- und Pflanzenbestandes. Sie ist diejenige, die stets die Ressourcen der Menschen auffrischt. Manchmal erscheint sie in Gestalt der zwei Schwestern oder ihrer beiden Töchter, beide von exotischer Schönheit. Als die ursprüngliche Mutter ist *Kunapipi* verantwortlich für die Geburt aller Menschen-Totems wie auch für das Prinzip der Identifikation und Abstammung. Den Menschen zu »entwerfen« ist ein wichtiger Teil ihres Wesens. Auch wenn sie es nicht ganz allein macht, ist sie doch für das Aussenden der Naturwesen aller Arten von Jahreszeit zu Jahreszeit zuständig. Ihre rituelle Verbindung mit der männlichen Regenbogenschlange garantiert die Anerkennung der Dualität.

Die *Kunapipi*-Zeremonien und -Rituale versinnbildlichen das Prinzip der Rückkehr in den Mutterschoß und der nachfolgenden Wiedergeburt. Der Zeremoniengrund oder Ringplatz (Nonggaru) ist eine symbolische Repräsentation des Uterus, den jeder Mann während des Ritus betreten muß. Die Große Mutter *Kunapipi* erlaubt ihren Neophythen erst den Platz zu verlassen, nachdem sie sich rituell gereinigt haben. Eine solche Reinigung schloß für gewöhnlich einen zeremoniellen Austausch der Frauen zum Zwecke des Geschlechtsverkehrs ein. Auf diese Weise wird die Fruchtbarkeit aller Lebewesen so weit angeregt, bis die Welt fähig ist, sich selbst zu erneuern. Interessant ist, daß bei den Yirrkalla-Aborigines *Kunapipi* »Whistle Cock«, schwirrender Penis, aber auch eingeschnittener Penis oder Schneidezahn bedeutet. Der eingeschnittene Penis symbolisiert die Große Schlange, und die Vertiefung, die durch den Einschnitt entsteht, die Gebärmutter der Großen Frau *Kunapipi*. Der Kult bringt die vereinigende Natur zum Ausdruck, dargestellt durch die Einswerdung von Mann und Frau.

Wie bereits erwähnt, wurde der mythische *Kunapipi*-Zyklus Teil des einheimischen mythischen Materials und ist vermutlich gleichzeitig eins mit der Geschichte der Waugeluk-Schwestern. Die Geschichte erzählt von zwei Schwestern, die gemeinsam mit ihrer Mutter *Kunapipi* aus der See an der Mündung des Roper River auftauchten. Sie reisten dann in nördliche Richtung, wobei sie ihr Wissen über Rituale und Fruchtbarkeit mit sich brachten. Beide Töchter waren schwanger. In dem Land, das Ilapidji hieß, wurde das Kind Toortoo geboren. Es wurde an dem Ort zurückgelassen, während die Schwestern weiterzogen.

Die Schwestern schlugen später bei einem Wasserloch ihr Lager auf. Sie jagten verschiedene Tiere, die sie zum Lager brachten. Aber jedesmal, wenn sie versuchten, eines der Tiere über dem Feuer zu braten, kam neues Leben in das Tier, und es lief davon. Nach dieser harten Prüfung legten sich die Schwestern hungrig nieder, um zu schlafen. Ein schwerer Sturm erhob sich, und sie wurden vom Regen durchnäßt. Da beschloß eine der Schwestern, den *Kunapipi*-Tanz zu tanzen, in der Hoffnung, dem Regen Einhalt zu gebieten. Dann schlief auch sie schließlich ein.

An diesem Ort sickerte das Blut jener Schwester, die kurz davor ein Kind geboren hatte, in das Wasserloch. Wittee, wie hier die Regenbogenschlange genannt wird, roch das Blut in seiner Behausung am Grunde des Teichs und entschloß sich, der Sache nachzugehen. Er erhob sich aus seiner zusammengerollten Lage und verschlang die beiden Schwestern auf einen Satz. Nachdem Wittee von diesem Mahl müde wurde, legte er sich nieder. In seinem Traum hörte er eine Stimme, die ihm mitteilte, daß er vielleicht seine eigenen Schwestern verschlungen habe. Deshalb würgte er sie am nächsten Morgen wieder heraus. Als sie sich zu bewegen begannen, überlegte er es sich noch einmal und beschloß, sie zu töten. Er brach ihre Knochen und schluckte sie abermals.

Später, als Wittee von einer anderen Schlange gefragt wurde, was er gegessen habe, log er und antwortete, er habe ein Känguruh verspeist. Aber die andere Schlange glaubte ihm nicht. Schließlich gab Wittee zu, die Waugeluk-Schwestern verspeist zu haben. Als er aufgefordert wurde, die beiden

Schwestern freizugeben, lehnte er mit den Worten ab: »Ich kann die beiden nicht herausgeben. Sie sind ›Maraian‹, mein heiliges Wissen.«

Jedoch um Buße zu tun, öffnete er eine Vene in seinem Arm und ließ das Blut hervorspritzen. Von da an, wann immer Wittee etwas sagte, wußte er, daß es die beiden Schwestern waren, die aus seinem Munde sprachen.

»Wir sind nun hier«, sagte eine der Schwestern, »die Schlange hat uns gegessen. Wir sind Maraian, das sakrale Wissen von Wittee. Unser Geist spricht durch ihn für ein anderes Land.« Als sich nun Wittee an seine Leute wandte, sprach er als einer, der eins war mit dem geistigen Wesen der beiden Schwestern: »Ich gebe euch meine Zeremonien«, kündigte er seinem Volke an. Dann zog er sich in eine Höhle zurück und rollte einen großen Stein vor den Eingang der Höhle, so daß er niemals mehr hervorkommen konnte.

Die Geschichte hebt die Tatsache hervor, daß es ursprünglich die Frauen waren, die das sakrale Wissen – das Wissen, um die Kultur und Religion – besaßen. Das kannibalistische Verhalten der Regenbogenschlange weist darauf hin, daß die Männer dieses große Wissen in Besitz nahmen, um es schließlich im Stammesgesetz zu bewahren. *Kunapipis* Fruchtbarkeit, ihre Fähigkeit, alle Dinge ins Leben zu rufen, wurde zum Besitz der Männer – nicht als Handlung, sondern als Wissen. Von nun an waren es die Männer, die die Riten gemäß dem Gesetz, das sie den Frauen gestohlen hatten, vollzogen. Die Frauen dagegen vollzogen den großen Zeremonien-Kreis, der heute als *Kunapipi*-Lieder-Zyklus bekannt ist. Es ist deutlich, daß *Kunapipi* die »Königin der Welt« ist, das ewige Symbol der Natur mit ihrer ganzen Fülle. Die Rolle der Großen Schlange ist dagegen ein Symbol der Befruchtung, das Prinzip der Empfängnis, die Verkörperung der intellektuellen Idee, die Inkarnation und Geburt ankündigt. Was die Große Schlange von den Schwestern und damit von *Kunapipi* selbst stahl, war der Keim der Kultur, das Wissen um die Ordnung des Überlebens. Schwangerschaft, Geburt, Regen, Tod – und auch die Wiederbelebung der Tiere, die bereits im Feuer waren –, diese Motive betonen das Wesentliche des Fruchtbarkeitmythos, seine Zugehörigkeit zu allen Formen der Erneuerung.

Diesen Gedanken wird in der großen Liederreihe und den Tänzen, die Berndt »das rituelle Gesicht der Liebe« nennt, Ausdruck gegeben. Vor der Zeit des Monsuns verschmelzen rituelle Handlungen und Erotik auf dem »Nonggaru«-Grund, um den Regen hervorzubringen. Hier tritt die Auffassung eines Volkes zutage, dessen religiöse Werte es dazu veranlaßt, den Beischlaf als Ausdruck heiliger Liebe zu betrachten. Männer und Frauen werden hier eher zu rituellen als zu sexuellen Partnern, wenn sie »Knaninja«, den Geist des Liebesaktes, erwecken. Dies ist jenes mythische Wesen, das die Kraft hat, menschliche Emotionen in vielfältige Ausdrucksformen der Einheit zu verwandeln. Das sexuelle Vergnügen unter der Obhut ritueller Erneuerung gewährleistet das Erleben der Transformation. Dieser Akt der Vereinigung der Gegensätze ist für das Einsetzen des Monsunregens verantwortlich.

Dieses Fruchtbarkeitsthema wird im nordöstlichen Arnhemland im »Rose-River-Zyklus« zelebriert. In einer Reihe von 26 Liedern wird die Begegnung zwischen den Männern vom Rose River, von Blue Mud Bay und anderen Clan-Männern dieser Region mit Mädchen aus dem Inland in einer rituellen Entjungferung behandelt. Die Mädchen nehmen ihre Rolle in diesem Geschehen, die Regenzeit einzuleiten, bereitwillig ein. Der Lieder-Zyklus behandelt in Details die Herkunft der Clans, ihre Sprachen, die notwendigen Vorbereitungen, um Tänze durchzuführen, die Errichtung von Nonggaru, dem Ringplatz, der mit bestimmten Mustern und Symbolen, die sexuelle Bedeutung haben, ausgestattet wird, um die Erotik in dem Geschehen zu verstärken. Sobald Regenwolken am Himmel erscheinen, vollziehen die Teilnehmer selbst den rituellen Höhepunkt. Alles Leben ist dann in das Netz der fruchtbringenden Schöpferkraft einbezogen.

Mit dem morgendlichen Ruf der Tauben und dem durch Spinnweben hochsteigenden Nebel hat sich die gesamte Welt selbst erneuert – ein Ausdruck der Einheit mit *Kunapipi*, der Mutter Natur. Die befreienden Schreie der Rose-River-Jungen und der Mädchen aus dem Landesinneren vereinen sich mit dem Quieken der Beutelratten und dem Gezwitscher der Vögel. Männer und Frauen, Tiere, Vögel, Insekten, Feuer und Regen – alles ist miteinander verbunden und erlöst, nachdem die drohende Dürre durch den Akt der sakralen Liebe abgewendet werden konnte.

Die Lieder sind ausgeschmückt mit Details und wirken auf uns aufgrund der ständigen Wiederholungen etwas monoton. Aber das ist die Natur des Rituals – sich langsam aufbauend und mit einem starken Gefühl für Einzelheiten, die schließlich zur Apotheose führen. So begleiten und fördern die Lieder das sexuelle Geschehen, und wir hören im ersten Lied:

Sie sind immer hier,
  die Männer, die hölzerne Bumerangs hobeln:
Männer vom Rose River,
  Clans der Barramundie und Katzenwelse …
Holzsplitter fliegen davon …
Sie formen und glätten ihre Seiten,
Sie sind immer hier,
  die Frauen, die ihre Hüften bewegen …
Männer hobeln und formen Bumerangs,
  glätten ihre Seiten …
Sie denken an den Nonggaru-Platz,
  an den heiligen Boden …

Sie sind immer hier, Männer der südlichen Stämme:
Clans vom Rose-River-Land,
  Männer mit beschnittenem Penis ...
Clans vom inneren Buschland ...
Sie machen die Bumerangs,
  hobeln und glätten die Seiten zur Entjungferung.
Sie denken dabei an die Tänze und Riten der *Kunapipi*.

Bereits die rhythmische Herstellung der Bumerangs läßt die große Lust der weiblichen Teilnehmer widerhallen. Der Bumerang als Symbol des Penis wird für das Entjungferungsritual hergestellt. Obwohl das Thema der Fruchtbarkeit bis jetzt noch nicht offensichtlich ist, ist allein schon die Erwähnung von *Kunapipi* und der Entjungferung ein entsprechender Hinweis.

Sie sprechen schnell wie Vögel, drehen ihre Zungen. Sie sprechen schnell: Höre die Stimmen der Menschen von den südlichen Clans!

Sie lassen ihre Zungen tanzen, während sie sprechen, sie sprechen langsam in verschiedenen Dialekten, all die Clans zusammen. An diesen Plätzen am Rose River, unter dem Bambusgestrüpp. Die Stimmen bewegen sich auf den Platz der Schlange zu.

Hier werden wir nicht allein mit einer bildlichen Vorstellung der sexuellen Handlung in Form der sich drehenden Zungen konfrontiert, sondern vor allem mit dem Bild, daß die Sprache der fruchtbringende Ausdruck der Schöpfung ist. Die Sprache, das Instrument der reinsten Schöpfungskraft, wird mit dem Zusammentreffen der Clans, der Notwendigkeit, Kontakte zu erneuern, und dem Verlangen, einen zukünftigen Partner zu finden, zum Ausdruck gebracht. Das zweite Lied zeigt die Kooperation der Clans. Und während sie kommunizieren, hört die Große Schlange *Kunapipi*, in ihrer nördlichen Manifestation als Erdmutter, all dies Geplauder.

Sie sitzen da, stampfen roten Ocker,
diese geistigen Wesen, Menschen der südlichen Clans mit eingeschnittenem Penis ...
Mit sich bewegenden Brüsten, diese Rot-Ocker-Stößel,
Männer der südlichen Clans ...
Dafür ist der mächtige rote Ocker ...
Sie sitzen da, hobeln Unebenheiten ab, bereiten die Farben vor. Wir sahen ihre Brüste sich bewegen, sie stampfen den roten Ocker, Männer der südlichen Clans ...
Innerhalb von Nonggaru, im weiblichen Schoß,
inmitten darin die heilige Klinge ...

Während die Männer die Bumerangs für die Entjungferungszeremonie vorbereiten und bemalen, wird der rote Ocker als Symbol phallischer Härte vorgestellt, der sich mit dem Entjungferungsblut vermischt. Die Frauen sitzen nun im Schatten von Nonggaru, dem heiligen Schatten, der Gebärmutter von *Kunapipi*, der Großen Frau.

Im vierten Lied sind die Gedanken auf den rituellen Beischlaf im heiligen Schatten gerichtet, auf die Anrufung der »Kraft des Windes«, um die Große Schlange aus dem Wasserloch hervorzurufen.

Mit dem fünften Lied wird die bildliche Vorstellung des bevorstehenden sexuellen Aktes intensiver. Im Schatten von Nonggaru schwingen die Männer ihre Bumerangs, während die Mädchen in einer Reihe im Schatten anstehen.

Mit dem sechsten Lied beginnen die Männer ihre Bumerangs mit wilden Gebärden in die Höhe zu werfen, um die Wolken in Bewegung zu setzen. Und die in den Himmel »eindringenden« Bumerangs sollen den Regen bringen.

So werden die Bumerangs geworfen, dem Schlangenplatz zu, zum Platz der Krebse, zum Platz der Katzenwelse ...
Fliegende Bumerangs, von den geistigen Wesen, Clan der Paperbark-Schößlinge [Eukalyptusart], mit schwellenden Brüsten ...
Die Bumerangs fliegen in die Richtung von Blue Mud Bay, dem Platz der Vagina ...
Besondere Bumerangs mit abgeflachten Seiten und Spitzen zur Entjungferung ...

Die Lieder sieben und acht heben die Bedeutung des Bumerangs als Ritual-Objekt, das mit der Regenzeit in Verbindung steht, hervor. Die Kraft der Anrufung zieht den Regen an. Vor Beginn des neunten Liedes wurde eine Welten-Höhle aus Zweigen errichtet, um den Schlußakt der Befreiung vorzubereiten. In der Zwischenzeit haben sich alle Teilnehmer auf die Notwendigkeit, sich gegenseitig zu »erwecken«, konzentriert.

Sie bilden einen Schirm, ordnen Zweige ...
Sie denken an den Schoß der Frauen und an den Höhepunkt ...
Sie sind immer da, die Frauen mit schwingenden Hüften ...
Clans mit beschnittenem Penis, Clans der Barramundie ...
All die südlichen Clans, sie kommen zusammen ...
Errichten den Schirm, für die Frauen darin ...

Mit dem elften Lied verwandeln sich die Mädchen in Maraian, »heilige Mädchen«, die sich einreihen, um die sakrale Liebe und den Fruchtbarkeitsakt (Akt des Regenmachens) zu vollziehen:

Junge Mädchen, bemalt mit rotem Ocker, sie bewegen sich dem Schatten entgegen, gespendet von dem Schirm aus Zweigen ...
Die Mädchen, vorbereitet und bereit, Frau zu werden – da sie heilig sind ...

Mit dem zwölften und dreizehnten Lied wird die »heilige Liebe« vollzogen. Diese Frauen werden dabei vermutlich das einzige Mal in ihrem Leben eine sexuelle Beziehung mit Männern haben, die normalerweise für sie tabu sind. Nach Ronald Berndt wird dieses Ereignis aufgrund der sakralen Bedeutung umgewendet und gleichzeitig ein Vorteil aus dem Tabu gewonnen: Geschlechtliche Beziehungen zwischen zwei an sich verbotenen Partnern werden als fruchtbarer betrachtet als zwischen erlaubten Partnern. Die Erlaubnis des sonst Verbotenen verstärkt die Erotik und eröffnet ein fruchtbringendes psychologisches Feld, in dem jeder Teilnehmer seine Rolle spielt.

Sie bringen heran den spitzen Bumerang, heben ihre Lenden auf die Hüfte des Mannes ...
Drücken es nieder, dieses junge Mädchen mit Ocker beschmiert, heben ihre Lenden ...
Sie denken an den Bumerang mit seiner flachen Spitze ...
Drücken es nieder, das Mädchen auf der Hüfte des Mannes,
hinein in die Zweige ...
Sie bringen die Spitze des Bumerangs nahe an ihren Schoß ...
Die Mädchen schreien auf, durchbohrt von der Spitze des Bumerangs ...
Ihr Schrei fliegt davon ...
Laute im heiligen Lager, auf dem Nonggaru-Platz zwischen dem Bambusgestrüpp
Sie paaren sich unter Gesängen ...
Mit erigiertem Penis ...

Der Penis bewegt sich langsam, spricht, während er ejakuliert.
Die Samen entströmen dem aufgerichteten Penis, Großer Penis, der in das junge Mädchen eindringt. Penisspitze, Penis, der wächst und sich aufrichtet: Seine Spitze riecht die Säfte der Vagina des Mädchens ...
Am Platz der Schlange, dem Platz des steigenden Penis ...
Männer der südlichen Clans,
Clans der Penisse mit den Spalten
mit aufgerichtetem Penis.

Lied vierzehn beschreibt die Handlungen der Frauen nach dem rituellen Beischlaf. Sie schlagen auf ihre Bäuche, um den Samen zu bewegen – eine symbolische Geste, um den Regen zu bringen. Sie werden zum erstenmal »eingeschnittene Mädchen« genannt, womit ihre Vagina den eingeschnittenen Penis gleichgesetzt wird. Die Genitalien von Mann und Frau verschmelzen während des Rituals in eines. Die heilige Liebe vereint Männer und Frauen. Um diese Vereinigung zu betonen, werden die jungen Frauen, bevor sie den heiligen Grund verlassen, mit rotem Ocker und auch mit ihrem Blut eingerieben. Auch die Männer beschmieren sich, so daß beide Geschlechter gleich aussehen. An diesem Punkt heißt es, daß sie aus dem Bauch der Großen Mutter, frisch geboren und erneuert, hervorkommen.

Die jungen Mädchen werden beschmiert, mit rotem Ocker eingerieben ...
Ihre Haut glänzt von Ocker und Fett ...

Mit Lied sechzehn hat eine Transformation stattgefunden. Die Wolken sind nun rot und gelb vermischt, es sind die Farben von Blut und Samen. Die gesamte Natur wurde mit dem rituellen Beischlaf identisch und so fruchtbar gemacht. Die Wolken »leuchten über dem ganzen Land« oder »hängen über den Barramundie-Clans«. Solche Worte heben hervor, daß Wolken und Körper nicht mehr voneinander unterschieden werden.

Mit Lied siebzehn kehren die Frauen allein in ihr Lager zurück, während die Männer die lebenspendende Beschneidungszeremonie vervollständigen. Mit dem achtzehnten Lied bereiten die Männer die Steinklingen für die Beschneidung vor.

> Sie denken an den aufgerichteten Penis, wie er sich bei der Paarung bewegt, ejakulierend …
> Sie denken an die Paarung und an den Penis, und die Spitze klingelt, während sie dasitzen und den Stein schärfen …
> Sie rufen das fließende Wasser an, den ausströmenden Samen …

Lied neunzehn beschreibt die Operation der Beschneidung. Das ist das Vorspiel vor dem Höhepunkt, wenn im zwanzigsten Lied die rituelle Entjungferung, die Paarung und die Beschneidung in der Regenzeit manifest werden. Wolken, geformt aus Blut, Ocker, Samen und Känguruhfett ziehen nun herüber vom Rose River und über Blue Mud Bay. Die dunklen Wolkenbänder sind den Brustbändern ähnlich, die von jungen Mädchen getragen werden.

> Wolken erscheinen am Himmel,
> ziehen dem Platz der Schlange entgegen …
> Wolken, die herabsinken und sich schütteln,
> durchzogen von schwarzen Bändern,
> sie gleichen den Brustbändern der jungen Mädchen …
> Wie Bumerangs in die Wolken fliegen,
> wie Brustbänder, die miteinander verschmelzen …

Was nun mit dem zwanzigsten Lied folgt, ist eine poetische Wiedergabe der Wolkenformation. Alle Aspekte des Rituals werden an diesem Punkt zusammengezogen, um die kommende Regenzeit zum Ausdruck zu bringen:

Sie erheben sich hoch in den Himmel, breiten sich aus, steigen nieder über dem Platz der Schlange ...
Sie stehen, ja dehnen sich landeinwärts, zwischen die Armband-Büsche,
zwischen das Bambusgestrüpp ...
Sie steigen hoch, ändern ihre Form, kleine Wolken ziehen aufwärts ...
Wolken steigen nieder, strecken sich aus wie Hände, die zusammenfinden ...

Lied einundzwanzig stellt zum erstenmal die Große Schlange in Form der Blitzschlange als aktiven Teilnehmer des Rituals vor. Die Zunge des Blitzes »leuchtet über den Wolkenbergen auf und läßt sie wie Ocker glänzen«, während sich »der Schwanz der Schlange aufrichtet, und ihr Kopf schnell aus ihrem Loch hervorschnellt«. Die Schlange riecht das Blut der jungen Frauen und das Blut der beschnittenen männlichen Glieder und verkündet:

Hier, ich schlucke das Blut, und es geht in meinen Bauch ...
Die Schlange läßt mit ihrer Wirbelsäule den Blitz aufleuchten ...
Sie riecht das Blut der jungen Mädchen und kehrt zurück, um sie zu verschlingen.

Das vergossene Blut, das wesentliche Opfer der Teilnehmer an die Regenbogenschlange, ist notwendig, um sich ihr Geschenk – den Regen – zu sichern. Das dreiundzwanzigste Lied kündigt an, daß die Regenzeit vorbei ist und daß das Gras in Brand gesetzt werden müsse, damit die neuen Sprößlinge wachsen können, was wiederum das Wild dazu bewegt, aus seinem Versteck hervorzukommen. Mit den Liedern vierundzwanzig und fünfundzwanzig weben die Spinnen erneut ihre Netze, und Beutelratten hüpfen herum; das frische Gras sprießt: Die Natur erneuert sich mit der Regenzeit, was rundum ersichtlich ist. Mit Lied sechsundzwanzig findet die Natur sich wieder in Harmonie mit Männern und Frauen, deren neuschöpfende Kraft sich im Akt der sakralen Liebe vereinte. Die endgültigen Worte beschwören die zeitlose Ordnung aller Dinge herauf; diese Ordnung muß nochmals bestätigt werden durch die Handlung des sakralen Liebesaktes, der ein einziges Mal die Tabus des Stammes übertritt, um auf diese Weise an der göttlichen Unordnung teilzunehmen, die der Manifestation zugrunde liegt.

Die Taube ruft ...
Die Stimme des Vogels gleicht den Reden dieser Clans,
Menschen, die wie Vögel sprechen.
Seine Rufe tönen durch die Nebelschleier,
durch den Nebel von Rauch und durch Spinnweben hindurch ...
Vögel, die ihre Gefieder sträuben und rufen ...
In diesem heiligen Lager, auf diesem Platz von Nonggaru.
Der Vogel fliegt tief, berührt die Zweige von Nonggaru,
die Zweige der Armband-Büsche.
Seine Rufe tönen durch den Nebel,
wie die Reden der südlichen Clans,
Clans der Beschnittenen ...
Seine Rufe hallen laut wider, als er das Nest erreicht.

Hier haben wir die endgültige Sinngebung der *Kunapipi*-Riten, die der Vereinigung der Aborigines mit der Natur gewidmet sind. Der erotische Inhalt der Rituale hebt das Verlangen der Aborigines hervor, die Natur als Mitschöpfer und Erneuerer des Lebens zu imitieren. Sakrale Liebesriten werden durchgeführt, um in deren Verlauf eine geballte Energiekonzentration zu erreichen. Indem die Aborigines sexuelle Tabus brechen, stellen sie sich außerhalb ihrer konventionellen Moralgesetze – und stellen sich selbst mit den wilden Gesetzen der Natur auf eine Ebene.

Indem die Aborigines einen Ausgleich schaffen zwischen ihren Stammesgesetzen und den Gesetzen der Natur, können sie die normalen Liebesaktivitäten in eine mächtige Kraft verwandeln. Diese Kraft bezieht ihr Potential aus dem undefinierbaren Bereich menschlicher Erfahrungen, wo Emotionen stärker und substantieller sind als Stammesgesetze.

Aus diesem Grunde hat die sakrale Liebe einen Platz innerhalb des sozialen Gefüges. Während sie auf einer Ebene vorsichtig behandelt wird, hat sie auf einer anderen Ebene eine übergeordnete Rolle zu spielen. Das rituelle Übertreten der sozialen Gesetze vor dem Monsun ermöglicht es den Aborigines, Beziehungen zu erfahren, die ihnen ansonsten verwehrt blieben. Das mildert die Härte der Stammesgesetze. Sakrale Liebe erlaubt es den Aborigines, ihre Körper in einen symbolischen Bereich zu transformieren, um die schöpferische Kraft der Natur wiederzugeben. Dadurch nähern sie sich dem Reich des Traums, wo alle wahren Archetypen wohnen. Die Anrufung des Monsunregens durch den sexuellen Akt in der Gruppe garantiert, daß das Schauspiel der Natur den vollen Status der heiligen Ehe zwischen den Menschen und jenen ursprünglichen Kräften, die die Erde beherrschen, erlangt. Nur durch die *Kunapipi*-Zeremonien können Männer und Frauen ihre soziale Identität für eine kurze

Weile abstreifen, um ganz und gar an diesem Ereignis teilzuhaben.

Regen, Blut, Gewitter, Wolken, rituelle Wunden, die Erregung von Frauen und Männern, Vögel, Tiere, Insekten und Vegetation – all diese Elemente kommen zusammen, um eine reale Vernetzung zu bilden, die alles andere übersteigt. Die Welt wird neu erschaffen. Erschöpfte Energien werden wiederbelebt, und auf diese Weise hat sich die zeitlose Ordnung innerhalb der Natur einmal mehr zu Gunsten aller Lebewesen erneut bestätigt.

8.
Der Gelbe-Ocker-Tanz

Der Tod ist für Aborigines kein Endzustand, sondern ein Transzendierungs-Ritus. Wenn auch Rituale und Bräuche, die mit dem Tod zu tun haben, im ganzen Land unterschiedlich praktiziert werden – so wird doch allgemein das Austreten des Geistes aus dem Körper nicht als ein Zeichen dafür gesehen, daß das menschliche Wesen nicht mehr existiert. Ob ein Körper in der Erde begraben oder auf einer luftigen Plattform aufgebahrt wird, ob er liegend oder in aufrechter Haltung, mit angezogenen Knien gegen das Kinn gedrückt, bestattet wird – es ist nicht von Bedeutung, wo und wie eine Person begraben wurde, sondern wann sich ihr oder sein Geist heil und sicher auf den Weg zum Reich der Toten begibt. Der Tod ist vor allem ein metaphysisches Geschehen. Er wird zwar als ein natürliches Ereignis betrachtet, aber eine Person – egal ob ein Kind oder Erwachsener – stirbt nicht an Alter oder Krankheit, sondern aufgrund eines äußeren Einflusses, dessen Ursache die Verletzung eines religiösen Tabus oder ein widerwärtiger Zauberbann sein kann.

Der Tod wird als bedeutendes Transformationsereignis sowohl im Leben der Familie als auch innerhalb der ganzen Stammesgemeinschaft betrachtet. Ein natürlicher Tod ist Vorbedingung zur Integration des geistigen Wesens innerhalb des Traums – der vielgestaltigen Ahnenheimat. Wenn eine Person auf ein hohes Alter zugeht, spricht sie immer offen darüber, daß sie möglicherweise bald sterben wird, und unternimmt entsprechende Vorbereitungen. Dazu gehört die Weitergabe religiösen Wissens und die Überprüfung, daß sie vor ihrem Tod sakrale Lieder und Geschichten innerhalb des Clans richtig weitergegeben hat. Ein alter Mensch, der davon ausgeht, daß diesbezüglich alle Vorbereitungen zu seiner Zufriedenheit erledigt sind, betrachtet sich selbst von dieser Zeit an als »tot« und wartet nur noch darauf, mit seinen Ahnen zusammenzukommen.

Indem man seinen bevorstehenden Tod erkennt, übernimmt man damit selbst Verantwortung für ihn, so daß später vermieden wird, jemand anderen dafür verantwortlich zu machen. Mit der eigenen Kundmachung, zum Sterben bereit zu sein, wird in der Folge die Vermutung vermieden, daß böse Wünsche die Ursache für den Tod gewesen sein könnten. Verantwortung für den eigenen Tod zu übernehmen, bedeutet, daß eine Person Kontrolle über ihren Tod erlangt hat.

Aborigines bringen oft zum Ausdruck, daß Europäer keine Vorkenntnisse über den Tod besitzen und daher keine Vorbereitungen dazu treffen könnten. Dagegen haben Aborigines – sobald sie zum Sterben bereit sind – die Fähigkeit, mit den Himmelshelden zu kommunizieren. Von diesen erhalten sie auch eine Vorahnung über den Zeitpunkt ihres Todes. Die Lieder, die eine sterbende Person hört – Lieder, die dazu geschaffen wurden, um eine Person glücklich zu machen –, sind dabei vermittelnde Hilfen, um mit den Himmelshelden in Kontakt zu kommen. Es heißt auch, daß ein Sterbender sein Totemtier nachahmt.

Wenn seine Verwandten beispielsweise das Lied vom Walfisch singen, beginnt er sich wie ein Wal im Ozean zu bewegen. Auf diese Weise wird er »wie sein Totem«. Der Sterbende ist fähig, mit seinem »anderen Leben« so weit zu verschmelzen, daß der unmittelbare physische Tod etwas von seiner

Bedeutung verliert. In seinem Totem fortzuleben sichert ihm die Weiterexistenz außerhalb der physischen Begrenzung des Körpers.

Die Transformation der Seele

Wesentlich für den Tod des Individuums ist der sanfte Austritt seiner beiden Seelen – oder anders ausgedrückt, der zwei Seelen-Dimensionen aus dem Körper. Unter den Yolgnu-Aborigines im Nordosten des Arnhemlandes sind diese beiden Dimensionen als *Birrimbirr-* oder *Mokuy-*Wesen bekannt. Diese beiden Wesenheiten bzw. Dimensionen der Seele sind *Ba* und *Ka,* den Vogelwesen der altägyptischen Todesriten ähnlich oder auch dem *Yin* und *Yang* der chinesischen Kosmologie. Es heißt, daß das *Mokuy-*Wesen von den weltenschöpfenden Himmelshelden unabhängig ist. Nachdem eine Person stirbt, kehrt das *Mokuy-*Wesen zu jenem Teil des Clanlandes zurück, wo alle *Mokuy-*Seelen leben. Auch diese Gebiete werden *Mokuy* genannt und beziehen sich im allgemeinen auf bestimmte Orte. Im Vergleich dazu durchziehen die Traumwege der Himmelshelden das ganze Land. *Mokuy-*Wesen sind auch ganz anders als Himmelshelden. Sie sind oft kapriziös und schadenbringend. Manchmal verursachen sie auch Ärger zwischen zurückgebliebenen Verwandten oder fügen Verletzungen zu, sollte jemand an dem Tod der verstorbenen Person mitschuldig gewesen sein.

Dagegen ist die *Birrimbirr-*Seele ein komplexer Begriff, der die spirituelle Existenz einer Person im Traum umfaßt. Einer ihrer Aspekte bezieht sich auf den belebenden Geist des Totems, der bei der Zeugung einer Person mitwirkt. Man sagt auch, daß die *Birrimbirr-*Seele zum Clanland zurückkehrt, aber nicht an jenen Platz, wo die Empfängnis stattfand, sondern in das Energiezentrum, das mit diesem Ort verbunden ist. Von hier aus versucht die *Birrimbirr*-Seele sich erneut zu reinkarnieren.

Viele Mythen erzählen, auf welche Art und Weise die Seele in das Reich des Toten reist, zum Beispiel indem sie eine Schnur aus Opossumfell hochklettert, um sich in einen Stern der Milchstraße zu verwandeln. Doch die Essenz der *Birrimbirr*-Seele verschmilzt mit der allgemeinen Macht der Himmelshelden, die den sakralen Objekten des Stammes innewohnt. Dieser Aspekt der Seele ist ebenso mit den Knochen des Verstorbenen verbunden, da es die Knochen sind, die den Tod überleben und später als *Djang* (Kraft) in das Land eingehen, sobald sie begraben werden.

Für Aborigines ist der duale Aspekt der Seele fähig, die Komplexität des Wesens zur Zeit des Todes zu umfassen. So wie eine Person im Leben sowohl sie selbst ist als auch ihr Totem, so teilt sich ihr Geist im Tode in zwei komplementäre Gegensätze. Das Bedürfnis, in das Land zurückzukehren, das einen hervorgebracht hat, verstärkt einerseits das tiefe nostalgische Gefühl der Aborigines, das sie für ihr Land besitzen. Andererseits ist es ebenso wichtig, das eher dunkle Element *(Mokuy)*, das dem Wesen eines Menschen zugehört, wieder zu integrieren. Auf diese Weise ist die ganze Person fähig, wohlbehalten ins Jenseits überzuwechseln. Da er beide Aspekte der Seele mit sich nimmt, bleibt kein Teil von ihm auf Erden zurück, der seinen Angehörigen Unannehmlichkeiten bereiten könnte. Wenn jemand also Kontrolle über seinen Tod hat, kann er sicher sein, daß der Übergang der beiden Wesenheiten *Birrimbirr* und *Mokuy* auf korrekte und vollständige Weise stattfindet. Der Tod wird geehrt: mit Liedern und Tänzen, mit bestimmten Sargmaterialien und vorgegebenen Mustern oder mit der Konstruktion von Sandskulpturen, einem Brauch nördlicher Volksstämme. All das sind wichtige Teile des Prozesses, um die Seele zu ihrem wahren Heim im Traum zu leiten. Bei dieser Wiedereingliederung nimmt vor allem der Gelb-Ocker-Tanz eine wichtige Rolle innerhalb der Todeszeremonien ein.

Die Begräbniszeremonie und die begleitenden Tänze tragen nicht nur dazu bei, daß das *Birrimbirr*-Wesen in den Traum zurückzukehren vermag, sondern auch, daß das schadenbringende *Mokuy*-Wesen nicht bei den Hinterbliebenen hängenbleibt und diese vom unreinen Aspekt der Seele des Verstorbenen belastet werden. Es wird gesagt, daß der Geist sich »wie Rauch« vom Feuer zum Himmel erhebt, wo er sich formiert oder bindet. Regenwolken sollen dann quer herüber zum spirituellen Heim des Verstorbenen ziehen. Hier ist es eine enge Verbindung zu der Vorstellung, daß der Geist auch im Wasser entlangreisen kann, manchmal in Strömen, die sich durch das Land von einer Quelle des Stammes zur nächsten ziehen. Die uranfängliche Verbindung mit der Regenbogenschlange verstärkt sich durch den Glauben an unterirdische Verbindungswege. Es wird aber auch zugegeben, daß der Geist des Verstorbenen sich in einen Vogel wie zum Beispiel in einen Weißen Kakadu oder gar in eine Sternschnuppe verwandeln kann. Die Rituale haben vordergründig den Sinn, die Himmelshelden aufzufordern, den Geist des Verstorbenen zum Traum zurückzuleiten. Die Lieder geben dabei dem Körper Kraft, um die Reise des Geistes zu unterstützen.

Die Todesriten

In der ersten Phase der Todeszeremonie werden neben dem Leichnam Lieder gesungen. Dabei wird gleichzeitig ein »Schattenspender« – ein »Haus« – für den Sarg errichtet, der darin gebaut und rituell bemalt wird. Viele Lieder beinhalten wichtige Symbole des Todes. Ein oft benutztes Symbol ist der Mangrovenbaum, der von Würmern durchfressen ist. Dagegen repräsentieren die Spuren, die von hohen Wellen hinterlassen werden, die Reinigung des Bodens und die Auslöschung der physischen Existenz – so wie die Wellen die Fußspuren wegspülen und den Sand weich und rein zurücklassen. Bei den Yolgnu, die am Meer leben, werden sowohl Süßwasser- als auch Salzwasser-Lieder benutzt, damit die *Birrimbirr*-Seele sich für den Wasser- oder den Landweg entscheiden kann, um heimzureisen. Die Lieder begleiten die Errichtung des schattenspendenden Hauses, so daß es für den Körper schön erscheinen mag. Stoffbahnen werden benutzt, um den Platz und auch den Geruch, der sonst zu stark werden könnte, abzuschirmen.

Die Bemalung des Sarges bildet den wichtigsten einzelnen Aspekt der Zeremonie. Der Sarg stellt eine Botschaft für die geistigen Wesen dar. Die Botschaft ist eine Bitte um Aufnahme der verstorbenen Person und um deren Rückführung zur Quelle des Clans. Der Sarg, der zu einem unmittelbaren Kontakt zwischen dem Geist des Verstorbenen und der Himmelshelden verhilft, dient als Vehikel, das sich von der profanen Ebene des Sterbedramas in die himmlische Sphäre erhebt. Die Sargmalereien rüsten den Geist mit einer besonderen Kraft aus, die ihn nach seinem Tod beschützt. Die Malerei ist also auch eine Art Talisman für den reisenden Geist des Verstorbenen. Ein alter Mann sagte dazu folgendes: »Wenn jemand stirbt, bemalen wir den Deckel des Sarges. Wir verleihen ihm sakrale Malereien, damit er sie mitnehmen kann, wenn er ein geistiges Wesen wird und seine alten toten Verwandten ihm begegnen und sie ihn in das ›heilige Land‹ führen.«

Von den Himmelshelden selbst inspiriert, werden solche Malereien als Ritual wirksamer betrachtet als Tänze und Gesänge. Vermutlich deshalb, da sie nicht von Menschenhand ersonnen wurden. Die Sargmalereien sind in jedem Fall sakrale

Ausdrucksformen, die die Beziehungen des Verstorbenen zu seinem Traum wiedergeben. Mit dem vierten Tag, nachdem die Bemalung vervollständigt ist, kommt die Zeit für den Gelben-Ocker-Tanz.

Bevor der Tanz beginnt, bemalen sich die Tänzer selbst und versammeln sich hinter der Schattenvorrichtung, wo der Tote liegt. Sie bemalen sich mit gelbem Ocker, der den verlassenen Körper, aber auch das Blut des Clans, das mit dem Traum-Ahnen verbunden ist, versinnbildlicht. In gewissem Sinne ist der gelbe Ocker eine spirituelle Essenz, von der es heißt, daß sie das Blut der Teilnehmer stärkt. Über das Ausgraben des gelben Ockers bemerkte ein Informant: »Der gelbe Ocker repräsentiert den Körper. So wie eine Person den Ocker herausholt und ihn in seinen ›Dillybag‹ [Umhängebeutel] hineinsteckt, so legen wir den Körper in den Sarg. So wie wir die Mine öffnen und den Boden ausgraben, so erhalten wir den Körper – gerade wie gelben Ocker.«

Der Tanz spiegelt das Öffnen des Schattengehäuses, so daß der Körper in den Sarg gelegt werden kann.

Der Tanz wird mit kontrollierter Aggression durchgeführt. Die Muskeln sind angespannt, und Grabstöcke werden wie Speere vor dem Schattenhaus, das den Sarg enthält, zu Boden geschleudert. All die negativen Aspekte, die den Tod betreffen, diese Gefühle des Zorns und der Frustration, hervorgerufen durch das Ereignis des Todes, werden fokussiert, um den »dunklen Engel« *(Mokuy)* wegzuschicken. Feuer werden entfacht und laute Geräusche gemacht, um dem *Mokuy*-Wesen Mut zu machen, wegzufliegen. Mit diesen Handlungen wird die materielle Existenz des Verstorbenen – in Form des *Mokuy*-Wesens – vertrieben, damit das reine Wesen, die *Birrimbirr*-Seele, sicher die Reise antreten kann. Hierzu bemerkte ein Informant:

Bevor der Körper zur letzten Ruhe in den Sarg gelegt wird, bist du sehr ärgerlich. Deine Gefühle sind wild und aufgebracht, du brichst innerlich zusammen, du bist gegen die Gesänge, den Körper – gegen alles. Benutzt du nur deine Gefühle, dann bist du gegen diesen Behälter oder gegen die Menschen. Du mußt den Dillybag festhalten, dich selbst halten. Doch mach dich still, und du bekommst dich in den Griff. Aber wenn du argwöhnst, daß jemand den Tod verursacht hat – dann hält jeder den Dillybag fest –, das ist deine Verbindung. Deine Kraft kommt aus dem Dillybag. All deine Gedanken kommen zusammen, und du verbindest alles mit deiner Kraft.

Der Dillybag, gefüllt mit gelbem Ocker, wird ein Symbol der Auflösung, ein Mittel, das den Tänzer befähigt, mit Mut an dem vermuteten Frevler Vergeltung zu nehmen. Das ist zum Großteil eine rituelle Geste, die gebraucht wird, um der Übermacht zu trotzen und Frustrationen loszuwerden. Das Verfahren führt selten dazu, jemanden ausfindig zu machen.

Die Gelbe-Ocker-Zeremonie bereitet die Teilnehmer auf das Trauma vor, daß sie den Körper zum letztenmal sehen, bevor er in den Sarg gelegt wird. Das *Mokuy*-Wesen ist vertrieben, und die *Birrimbirr*-Seele geht unbehindert den Weg zum Clan-Territorium. Dieser wesentliche Moment ist für alle Betroffenen reinigend und erlösend. Die Teilnehmer gewinnen nun die Kontrolle über alle Gefühle von Schmerz und Wut.

Schließlich, wenn der Gelbe-Ocker-Tanz beendet ist, wird die Abdeckung vor dem Eingang zum Schattenhaus des Sarges entfernt. Der Sarg wird aus dem Schatten getragen, wo er während des Tanzes verborgen war. Tänzer, die Staub hochwirbeln, und Stöcke, die über den Boden ziehen, begleiten den Sarg. Diese Handlungen symbolisieren das Wasser der überflutenden Inland-Flüsse, die gegen den Sarg anschlagen,

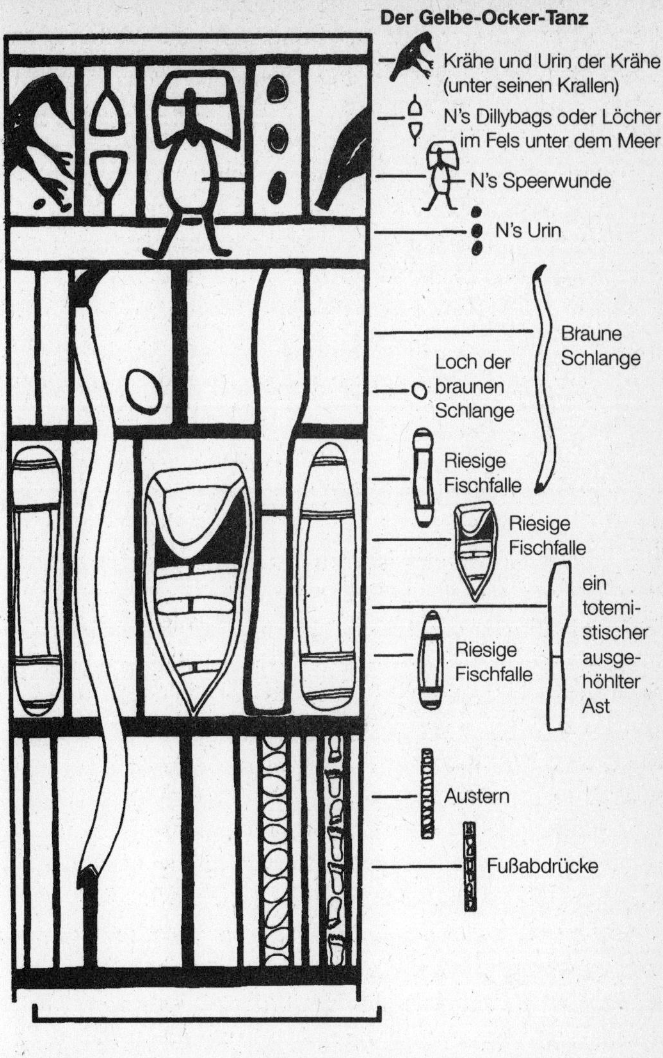

Abb. 10: Entwurf einer Totenpfahl-Dekoration, die verschiedene Themen und deren Anordnungen zeigt. (Mit freundlicher Genehmigung von Margaret Clunies Ross und L.R. Hiatt, aus ihrem Artikel *Sand Sculpture at Gidjingali burial rite.*)

während er sich in der Regenzeit auf den Weg zum Meer begibt. Ein solches Bild ist wichtig, da es Geburt und Tod versinnbildlicht.

Lieder, die nun gesungen werden, berichten, wie Fische aus den Fischernetzen ausbrechen oder wie sie eine Harpune durch das Wasser ziehen. Solche detaillierten Bilder beschreiben das Verlangen, von der Gefangenschaft des Körpers frei zu werden. Sie erinnern aber auch daran, wie nahe das Sterben ist. Das Gefühl, von irdischer Anhaftung frei zu werden, wiederholt sich in Tanz und Lied. Die körperliche Zersetzung, symbolisiert durch die Mangrovenbäume, deren ausgehöhlte Baumstämme den Fluß entlangschwimmen, sind Sinnbild des Sarges. Solche Bilder spiegeln Verfall und Auflösung, Tod und vermodernde Materie wider. Letzten Endes reist der Geist des Verstorbenen dem Meer, dem Ozean der Erinnerung entgegen, wo sich alle Seelen regenerieren. Seitdem der Körper in den Sarg gelegt wurde, haben Schlangen, die wichtigsten symbolischen Vermittler, die Aufgabe übernommen, den Geist des Verstorbenen zu seinem Clan-Territorium hinüberzubringen. Mit den überflutetenden Gewässern wird die Regenbogenschlange assoziiert. Sie schwimmt vor dem Sarg den Fluß entlang und kostet immer wieder das Wasser. Schmeckt sie dann endlich Süßwasser, schluckt sie es. Es heißt, die Schlange schlucke damit den Geist des Verstorbenen. Ein Aborigine sagte dazu: »Wenn die Schlange fühlt, daß das Wasser gut schmeckt, trinkt sie den Behälter [Sarg].«

In der Kühle des Abends wird der Sarg zum Begräbnisplatz gebracht. Die ganze Zeit über werden in Liedern die kraftvollen Namen der Gezeiten- und Mangrovenbaum-Ahnen aufgerufen. An der Begräbnisstätte tanzen die Männer des Krokodilmutter-Clans energiegeladen rund um den Erdhügel. Der Sarg wird in das Grab hinabgelassen, und während die Krokodil-Männer tanzen, wirbeln sie Erde in das Loch hinein.

In der endgültigen Phase der Zeremonie werden Feuer entzündet. Es heißt, daß der Rauch dieser Feuer die Beerdigung abschirmt. Der Rauch hat eine reinigende Wirkung – sowohl für die Teilnehmer als auch für die sakralen Gegenstände, die bei dieser Zeremonie verwendet werden. Der Gebrauch von Feuer und die Symbole des Krokodils in Verbindung mit dem Körper des Verstorbenen weisen auf die Vorstellung hin, daß das »Ei«, das den Körper versinnbildlicht, in das Nest des Krokodils gelegt wird, wo wegen der Wärme des Sonnenfeuers Aussicht auf Wiedergeburt besteht.

Die formalen Aspekte der Beerdigung sind nun beendet. Aber die rituellen Aspekte setzen sich darüber hinaus fort, was die eventuelle Exhumierung des Körpers Monate oder Jahre später beinhalten kann. Die Knochen werden gereinigt und mit Ocker bemalt, bevor man sie in eine Tasche aus Baumrinde oder ein ausgehöhltes Stück Holz legt. Auf diese Weise können sie leicht von den Verwandten getragen werden, bis sie fühlen, daß die *Birrimbirr*-Seele endgültig ihre Heimat erreicht hat. Die Knochen werden entweder zerbrochen und über das Clan-Territorium verstreut oder in eine Höhle, die ihnen heilig ist, gelegt. Die Pilgerfahrt ist endgültig vorbei.

Die äußerliche Form der Beerdigungsrituale ist natürlich in ganz Australien unterschiedlich, doch die wichtigsten Riten und Lieder sind einander recht ähnlich. Bei manchen Völkern ist es üblich, die Körperöffnungen des Verstorbenen zuzunähen oder seine Haare zu rasieren, und bei Stämmen, die im Landesinneren entlang der Flüsse lebten, waren früher Kanu-Beerdigungen nicht ungewöhnlich. Solche Äußerlichkeiten haben aber wenig Bedeutung im Vergleich zu dem allgemeinen Glauben, daß die Seele in sein Heimatland zurückkehren muß.

Unter den Arunta in Zentralaustralien war es üblich, den Körper in ein rundes Loch in sitzender Position, mit bis zum

Kinn angezogenen Knien, zu bestatten. Das Loch wurde dann aufgefüllt und ein Hügel geformt, der an einer Seite eine Vertiefung aufwies, die in Richtung der totemistischen Region, vor allem des sakralen Platzes zeigte, wo die Empfängnis des Verstorbenen stattfand. Das macht es für »Ulthana«, den Geist des Verstorbenen, möglich, den Körper zu verlassen und sich schließlich mit »Arumburinga«, seiner Zwillingsseele, die in »Nanja«, der Traumstätte, lebt, zu vereinen.

Wie immer auch die Details des Rituals variieren mögen, die wesentlichen Motive sind die gleichen. Der duale Aspekt der Seele muß von der Gefangenschaft des körperlichen Fleisches frei werden, um die Reise in die Heimat des Clans antreten zu können. Aber das heißt nicht, daß die Erinnerung an den Toten mit der Zeit verblaßt. Bei den Gidjingali-Aborigines im Arnhemland werden beispielsweise die Knochen einer toten Person oft in einem ausgehöhlten Pfahl aufbewahrt, der »Dupun« genannt wird. Dieser mit Ornamenten versehene Pfahl, gewöhnlich mit Motiven bemalt, die den Clan-Mitgliedern des Verstorbenen heilig sind, wird zu einem bleibenden sakralen Bestandteil der familiären Totem-Gemeinschaft; er gewinnt damit mythologische Bedeutung. Bei den Tiwi-Aborigines auf der Bathurst-Insel werden Toten-Pfähle *Pukamani* genannt, sie stehen in Gruppen auf kleinen Lichtungen. Bei den Gidjingali sind die Pfähle Teil von *Larrakan*, einer bemerkenswerten Sandskulptur-Zeremonie. Sandskulpturen sind eine Kunstform, die nur bei Bestattungszeremonien angewandt wird. Jedes Muster repräsentiert eine totemistische Verbindung und die Geschichten, die damit zusammenhängen. In der ersten Sandskulptur (Abb. 11), die *Wudjal* genannt wird, sehen wir das Heim eines Tümmlers. Er taucht zuerst in ein beckenähnliches Loch am östlichen Ende der Skulptur ein, schwimmt den zentralen Kanal entlang, taucht in der Grube in der Mitte des Kanals auf und taucht wieder hinunter, um schließlich in der Vertiefung am westlichen Ende der Skulptur wiederaufzutauchen. Diese Geschichte findet ihre Variante in der zweiten und dritten Skulptur, wo jene überirdische Landschaft ausgekundschaftet wird, die mit dem Vater-Clan des Verstorbenen in Verbindung steht. Von der vierten Sandskulptur heißt es, daß sie ursprünglich ein Mann gewesen sei, der von Kriegern mit Speeren durchbohrt worden war. Er soll wild und gefährlich gewesen sein und wurde nach seinem Tod in einen großen schwarzen Fels verwandelt, der die Form eines Mannes aufwies und heute noch, etwas von der Küste entfernt, gesichtet werden kann. Der Fels hat ein Loch, durch welches die Gischt des Meeres hindurchspritzt. Das Loch soll die Körperwunde des Mannes darstellen.

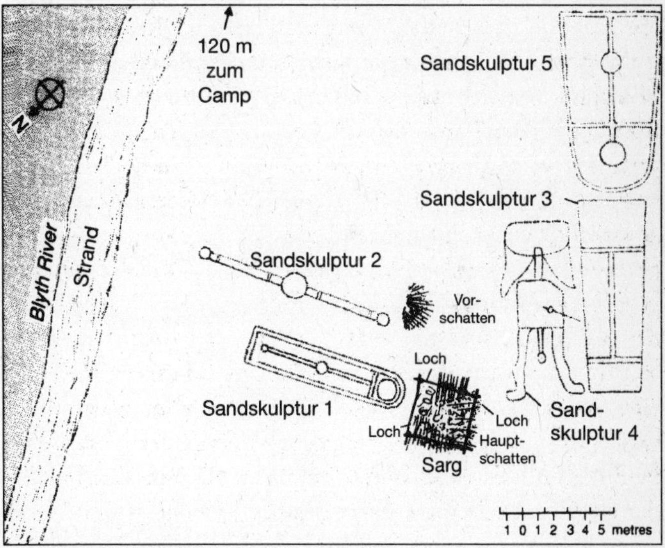

Abb. 11: Diese Skizze eines Zeremonien-Platzes bei einem *Dupun*-Ritus zeigt die Lage der Sandskulpturen 1–5. (Mit freundlicher Genehmigung von Margaret Clunies Ross und L.R. Hiatt, aus ihrem Artikel *Sand Scultpure at Gidjingali burial rite.*)

Jede Skulptur verstärkt das Verhältnis zwischen dem Verstorbenen und der Clan-Region sowie zwischen seinem Geist und der metaphysischen Landschaft seines Stammes. Für die Lebenden bieten die Skulpturen eine Gelegenheit, an einer einzigartigen Form der Reinigung im Beisein des Verstorbenen teilzunehmen. Diese wird während einer Wasch-Zeremonie (»Ngarra«) in der »Quelle« einer der Sandskulpturen vollzogen. Mitglieder des Clans, dem der Verstorbene angehörte, wechseln sich ab, um in der Mitte einer der Sandgruben zu sitzen, während der Zeremonienmeister Wasser über diese Person gießt, wobei er kraftvolle Namen (»Bundurr«) des Clans und des Landes ausruft. Nach der zeremoniellen Reinigung schmieren sich die meisten Personen mit rotem Ocker ein. Das ist ein Zeichen, daß die Reinigung vollzogen wurde. Die Zeremonie wird in der Umgebung des Pfahl-Sarges, der in der Nähe der Sandskulpturen aufgestellt wurde, durchgeführt. Auf diese Weise wird der Geist des Verstorbenen in das Netz

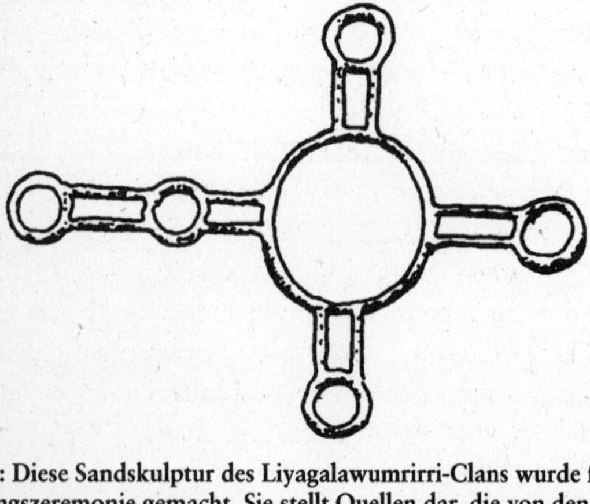

Abb. 12: Diese Sandskulptur des Liyagalawumrirri-Clans wurde für eine Reinigungszeremonie gemacht. Sie stellt Quellen dar, die von den Djang'kawu-Schwestern bei Detjirima (Howard-Insel) geschaffen wurden. (Mit freundlicher Genehmigung von Ian Keen, aus seinem Artikel *Yolgnu sand sculptures in context.*)

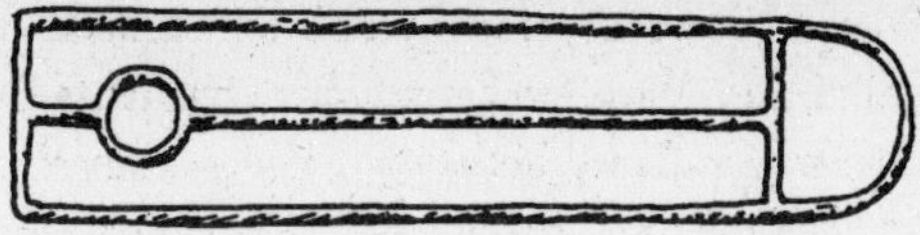

Abb. 13: Eine Sandskulptur des Gamalangga-Clans, die für eine Reinigungszeremonie gemacht wurde. (Mit freundlicher Genehmigung von Ian Keen, aus seinem Artikel *Yolgnu sand sculptures in context*.)

der Lebenden wieder eingebunden, wobei er seine metaphysische Kraft – jenseits des Grabes ausprobiert.

Unter den Arunta-Aborigines in Zentralaustralien gab es den Brauch, den Armknochen eines Verstorbenen, für den bereits davor Totenzeremonien abgehalten wurden, zu begraben. Gemäß den Mitteilungen eines Beobachters zu Beginn dieses Jahrhunderts zeigte dieser Armbestattungs-Brauch pittoreske Details. Zehn Männer, deren Körper vollständig mit rotem, gelbem und weißem Federflaum geschmückt waren, zogen mit gespreizten Beinen einen etwas dreißig Zentimeter tiefen und sechs Meter langen Graben in die Erde. In der Nähe schmückte eine Malerei, die das Totem des Verstorbenen darstellte, die Erde. Jeder Mann klatschte über seinem Kopf in die Hände. Die Frauen des Stammes kamen näher und setzten dann ihren Weg entlang der Gräben unter den gespreizten Beinen der Männer kriechend fort. Die letzte von ihnen trug eine Baumrindentasche, die den Armknochen des Verstorbenen enthielt. Während sie sich erhob, wurde ihr diese Tasche »entrissen« und zu einem alten Mann gebracht, der neben einer kleinen Erdgrube stand und eine Axt in der Hand hielt. Diese Grube befand sich in der Nähe der Malerei, die das Totem des Verstorbenen wiedergab. Ganz schnell wurde der Armknochen zerschmettert und unter einem flachen Stein begraben. Es heißt, auf diese Weise habe sich der Geist des Verstorbenen mit seinem Totem vereint. Damit war die endgültig letzte Handlung der Bestattung vollzogen.

In all diesen Fällen zeigt sich eine fein abgestimmte Beziehung zwischen den Lebenden und den Toten, der totemistischen Existenz und den Knochen des Verstorbenen sowie zwischen dem Clan-Territorium und dem Geist des Verstorbenen. Die Aborigines pflegen eine tiefe Verbindung zum Tod und hatten den Wunsch, das Reich der Toten sicher zu erreichen. Das Übersetzen ans andere Ufer – entweder durch die rituelle Sargreise der Yolgnu oder durch die Grabenwanderung der Arunta – wird von ausgefeilten Zeremonien begleitet, die gewährleisten, daß ein sicherer Zufluchtsort erreicht wurde. Der Gebrauch von Sandskulpturen, Sandmalereien, Totenpfählen und Baumrindentaschen liefert einen materiellen Gegenstand, um die symbolische Identität darzustellen und die tote Person in dem mythischen Drama der Angehörigen zu verwurzeln. Zu keiner Zeit ist die hingeschiedene Person anonym. Ihre kulturelle Identität wird mit jeder Phase der Totenzeremonie rituell bekräftigt. Das bedeutet, daß der Verstorbene zu seinem Schöpfer geht. Ihm wurde nur sein physischer Körper genommen, mit dem die Hinterbliebenen – nachdem ihn sein Geist verlassen hatte – mit Sorgfalt und Hochschätzung umgehen. Die Knochen des Verstorbenen werden im kulturellen wie spirituellen Sinne wertvoll. Es sind Relikte für die Lebenden, um sich mit einem Menschen, der einmal ihr Leben geteilt hat, zu identifizieren. Die Kraft dieser Relikte liegt in *Djang* verborgen, jener Kraft, die nach dem Tode von ihnen ausgeht.

Jede Person – egal ob Mann oder Frau – erhält nach ihrem Tode einen neuen Status. Obwohl nicht mehr unter den Lebenden, ist die verstorbene Person fähig, einen bedeutenden psychologischen Einfluß auf die Verwandten und Clan-Mitglieder auszuüben. Die Reise, die der Dahingeschiedene als duales Wesen auf dem Weg zum Reich der Toten macht, ist synonym mit der Reise, die alle Männer und Frauen in ihrem Leben unternehmen. Eine Reise, die unterstützt wird durch

Ritus, Ritual, Zeremonie und Gesang. Das alles formt die Glaubensgrundsätze, denen sich die Aborigines durch den puren Akt des Seins verpflichtet sehen. Leben und Tod werden durch die Dualität des Geistes, dem *Mokuy*- und dem *Birrimbirr*-Aspekt, dem physischen und spirituellen Sein, repräsentiert. Jede Seite gleicht die andere aus. So wie das physische Leben nicht ewig dauern kann, so ist der Tod nicht mehr als ein Übergangsstadium. Aborigines sind sich stets bewußt, daß ihre Existenz eine Reaktion auf die besonderen Handlungen spiritueller Kräfte ist, die außerhalb ihrer Kontrolle stehen. Diese Kräfte können menschenähnlich sein, sie können selbst den Status eines Himmelshelden einnehmen, aber am Ende werden sie als das erkannt, was sie sind: Helfer des großen göttlichen Geistes, der jenseits aller menschlicher Vorstellungen ist.

Das Band zwischen den Lebenden und Toten, das unter den Aborigines besteht, zeigt eine spirituelle Perspektive, mit der viele Menschen, die den Tod als etwas Schreckliches betrachten, nicht vertraut sind. Doch es ist offensichtlich, daß die Aborigines ihr Wissen aus einer uralten Quelle schöpfen, einer Quelle, die vermutlich in tiefer Vergangenheit durch den wirklichen Kontakt mit der Anderswelt inspirierend wirkte. Doch die Aborigines schwelgen nicht in okkulten Praktiken, wie es in unserer Zeit so populär geworden zu sein scheint. Sie besitzen vielmehr eine ursprüngliche Sicht über die verschiedenen Lebensbedingungen. Sie waren fähig, die feinen Nuancen im Prozeß von Tod und Niedergang zu entdecken und damit ein tiefes spirituelles Verständnis zu erhalten. Das Bedürfnis, sorgfältig ausgearbeitete Sterbezeremonien durchzuführen, die sich manchmal über einige Jahre erstrecken können, muß im Zusammenhang von solch umfassendem Wissen über das Leben des Geistes nach dem körperlichen Tod voll gerechtfertigt scheinen.

Das wesentliche Gepräge aller Sterbepraktiken der Aborigines zeichnet ein Verlangen des individuellen Geistes aus, in das tiefe Reich des Geistes zurückzukehren. Das kann durch das Wissen über die Rolle der Erde als Mittler zwischen Mensch und Schöpfer erreicht werden. Für alle Aborigines verkörpert die Erde das, was man »Chthonische Gnosis« – Erden-Weisheit – nennt, eine metaphysische Fundgrube voller Ideen, Emotionen, Gefühle und Intuitionen, die ganzheitlich gesehen allen rationalen Analysen trotzen. Die neuzeitliche Neigung für Quantität und Ausbeutung materieller Phänomene kann letztlich kein Ersatz sein für die Einsicht und das Wohlbefinden, das Menschen aus der Qualität ihrer Umgebung gewinnen.

Die Erde und damit auch die auf ihr lebenden Menschen, die, nachdem sie ihren Lebensprozeß erschöpft haben und von ihr gehen, aber auch zu ihr zurückkehren, müssen in ihrer Rolle anerkannt werden. An diesem Punkt wird die Bedeutung des Gelben-Ocker-Tanzes sichtbar: Es ist die Geste der Einheit, ein Zeichen der Wertschätzung und die Erkenntnis, wie wichtig die Erde im dramatischen Spiel des Lebens und des Todes ist. Auf dem Wege der Totenfeier glätten die Aborigines die abrupte Trennung, als die der Tod gegenwärtig erscheint, und versöhnen sich gleichzeitig mit dem ewigen Geheimnis der Existenz.

Letztlich hat der Tod die Funktion einer Heilung. Alle Riten und Rituale sind darauf ausgerichtet, zuerst den Geist an den Körper zu binden – um ihn eins und ganz zu machen – und dann die reibungslose Trennung zuzulassen. Das Leben mit all seinen Möglichkeiten trägt in sich die Existenz einer himmlischen Landschaft – einer Landschaft, die aus einer alles durchdringenden spirituellen Wirklichkeit besteht, die den Kosmos stützt. Zur Zeit des Todes bringt das Wissen um die Beziehung zwischen Mensch und Kosmos große Erleichterung, und dieses Bewußtsein macht es den Aborigines möglich, sich selbst mit den Himmelshelden zu vereinen – mit jenen unsichtbaren Wesenheiten, die die spirituellen Kräfte schwungvoll instrumentieren, um zu verkünden, daß das Universum in Wahrheit reich und eine unteilbare Ganzheit ist.

Register

Personen- und Ortsregister

Sachregister

GOLDMANN

Jane Roberts

Der Weg zu Seth 12080

Die Natur der persönlichen Realität 12143

Individuum und Massenschicksal 12100

Die Natur der Psyche 11760

Goldmann · Der Taschenbuch-Verlag